1日5分見るだけで、
1週間で勝手に速く読める！

瞬読《しゅんどく》ドリル

SYUNDOKU DRILL

一般社団法人瞬読協会　代表理事
山中恵美子
Emiko Yamanaka

SB Creative

瞬読はココが違う①

１冊３分で読めるようになった人、続出！

１分で600字→１分で24,800字

「200ページ程度の本であれば、数分で読めるように。瞬読で人生が変わりました！」（鈴木浩一朗さん）

分速36万字に達した人も……！

１分でこれ全部を読んだことになります。

瞬読はココが違う②

従来の速読で挫折した人でもできる！

- 眼球を高速で動かす
- 本より遠い所に目の焦点を合わせる
- 後頭部のやや上方に、何かがあることを想像する
- マインドマップを作製

▼

以上のような挫折者続出のトレーニング……

どれも全く行いません！

瞬読はココが違う③

「速く読んで終わり」ではない。本の内容をずっと覚えていられる！

1. 瞬読を開始

▼

2. 1冊の通常の実用書なら、3分で読み終わる人も

▼

3. 本に書いてあったことを、原稿用紙に書き出す

▼

4. 原稿用紙2枚分なら、スラスラと書ける！

「瞬読」体験者から喜びの声が、次々と届いています！

「仕事前の通勤時間で、1冊は余裕で読み終えるようになりました。多い時は片道で3冊読んでいます」

「立ち読みで本が何冊も読めてしまいます（笑）」

「メールを読む時間が短くなり、仕事の効率が上がりました」

「40分で初見の英単語を、9割暗記できました」

「70歳を過ぎて老眼ですが、自分でもマスターできた！」

「資格試験の問題を速く読めるようになり、試験時間に余裕が生まれました」

「センター試験で、国語の点数が9割を超えた」

「ピアノの譜面の暗記が、速攻で可能に」

「ボールがよく見えるようになって、野球の打率が上がった！」

「数学の公式もすぐ覚えられるようになった」

はじめに

「右脳で読んで、左脳で書き出す」唯一無二の新しいメソッド、「瞬読」。

そのメソッドを説いた解説本『1冊3分で読めて、99%忘れない読書術 瞬読』（SBクリエイティブ）が瞬読の本の第1弾となりましたが、2018年に世に送り出してから、大きな反響をいただいてまいりました。

「本を楽しくラクに速く読めるようになった」という喜びの声が、全国から殺到したのです。

一方で、**「瞬読のトレーニングを、もっとやってみたい！」「1日ごとにレッスンを区切ってくれると、取り組みやすいんだけど」「動画を見ているだけでいいとか、もっとラクな方法もないの？」という声も頂戴しました。**

以上のような要望にもお応えしようと作成したのが、ドリルをメインとした本書です。

瞬読の理論について既にご存じの方は、第1～2章を復習の意味で〝瞬読〟していただき（ただし、**Q&Aは第1弾に寄せられた声を基に、かなりリニューアルしています**）、早速今日からドリル編での訓練をスタートさせてください。

もちろん**「今回、初めて瞬読を知った」という方にとっても、本書は理想的な伴走者となる**はずです。第1～2章をじっくり読んでから、ドリル編にチャレンジしてみてください。初心者の方でも、1週間の集中レッスンで、瞬読の技術を無理なく獲得できます。

私たち現代人は、常に情報の洪水の中で生きています。その情報が重要かどうかを一瞬で見極め、高速で吸収したり、処理したりする必要があります。ですから「書かれている文字を速く理解できる能力」は、これからますます求められるようになってきます。そのような能力を磨くことで、人生という限られた時間を、さらに効率よく使えるようになります。

たとえば、他の人が1時間かかる作業を、わずか5分で処理することができたとしたら。浮いた「時間」「エネルギー」「意志力」などを、他の多くのことに費やせることになります。つまり「瞬読」とは、人生を豊かなものにしてくれる、最高の〝時短術〟なのです。

瞬読は、何歳からでも獲得できる技術です。ちゃんとトレーニングをすれば、小学校中学年から年配の方まで、その技術を身につけることができます。

また、その訓練は決して難しくはありません。生まれ持った資質やセンス、長年のキャリアなどが求められるようなものでもありません。**一度習慣化できれば、早い人なら1日で効果が実感できる、獲得しやすい技術**です。

本書をお手元に置いていただき、ぜひお役立てください。

山中恵美子

目次

第2章 「瞬読」はどうすれば習得できるのか？

——やることは、そんなにない。誰でも簡単にマスターできます！

ステップ1　「変換力トレーニング」

ステップ2　「イメージ力トレーニング」

ステップ3　「本読みトレーニング」

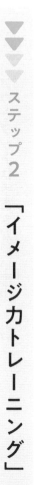

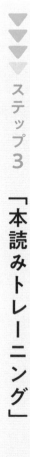

ステップ4 「本の内容をアウトプット」

瞬読なんでもQ＆A集

ドリル編

さっそく「瞬読」を習得してみよう！

――たった7日間で、読むスピードは確実にアップします！

DVD取り扱いについてのお願い

（ご使用前に、必ずご覧ください）

■袋からDVDを取り出す際は、指で盤面の裏側に触れたり、袋でこすったりしないようご注意ください。

■DVDビデオ対応のプレーヤーで再生してください。DVDドライブ付きのパソコンやゲーム機など、一部の機器で再生できない場合があります。また、再生や選択など各操作は、機器により異なります。詳しいお取扱いについては、各機器の説明書をご覧ください。

■このDVDは、家庭内での私的鑑賞のみでご使用ください。収録された映像やパッケージは、著作権上の保護を受けています。DVDに収録されているものの一部でも、権利者に無断で複製・改変・放送・上映・インターネットによる配信・レンタル（有償、無償問わず）・転売することは、法律で固く禁じられています。

■明るい場所で、画面から適度に離れて鑑賞してください。長時間の視聴は避けましょう。

■DVDは両面とも、指紋、汚れ、傷などをつけないように取り扱ってください。

■ひび割れや変形、あるいは接着剤で補修されたままで使用するのはおやめください。また、静電気防止剤やスプレーなどの使用は、ひび割れの原因となることがあります。

■直射日光に当たる場所や高温・多湿の場所には保管しないでください。

さらに、いつでもどこでも見たい方に朗報！

「変換力トレーニング」「イメージ力トレーニング」については、スマートフォンなどでも再生できます。
次のＱＲコード、またはＵＲＬにアクセスしてください。

http://movie.sbcr.jp/shdk/

第1章

「瞬読」とは何か？

——従来の速読とは全くの別物です。

今までの速読法は、いったん全て忘れてください

「瞬読」とは、その名が表す通り「情報を一瞬でインプットする（読み取る）こと」を指します。さらに言うと、**「高い精度で確実にアウトプットを行えるレベル」にまで情報を吸収できるのが、「瞬読」という技術の特長**です。従来の速読よりも速く、深く本を読める。そんな素晴らしい読書法が、瞬読なのです。

具体例を挙げると、**「わずか1時間半のトレーニングで、分速2万字以上」**という速さにまで、読書スピードを上げられた人だって、珍しくありません（**「分速2万字以上」**というのは、1冊の本を3分程度で読み終えることができるスピードです）。

そこまではいかなくても**「3時間のトレーニングで、分速数千字」「9～10時間のトレーニングで、分速1万字」**などのレベルに到達した人は、数えきれないほどいらっしゃいます（**「分速1万字」**というのは、200ページ程度の文庫本を10分未満、新聞の1面を隅々まで約1分で読み終えることができるスピードです）。

また、瞬読のスゴさは「速さ」だけにとどまりません。吸収した膨大な内容を瞬時に情報処理し、アウトプットすることも可能です。

「受け身で読むだけ」ではなく、自分が獲得した情報として、再構築して発信する。このよう

に**「インプット（入力）／アウトプット（出力）」を一対のものとして捉えている点こそ、「瞬読」が他の速読法と一線を画している証拠**でしょう。人は〝アウトプット〟をして初めて〝インプット〟した情報を自らのものとして獲得し、骨肉化に成功したといえるのです。

最初に瞬読の優れた点をお伝えしてしまうと、「マスターするのは難しいんじゃない？」と身構えてしまう人がいるかもしれません。でも、ご安心ください。意外に感じられるかもしれませんが、瞬読ほど容易に獲得できる速読法はないはずです。

こうお話しすると、必ず次のように訊《き》かれます。

「速読をするには、まず集中できる静かな環境を整えるべきでしょう？」

「△△を用意しないといけないでしょう？」

答えは「ノー」。**複雑な手間や、入念な準備なんて、一切不要**です。本と脳と、前向きな心さえあれば、どんな場所でも、たとえスキマ時間でも、うまく実践できるのが「瞬読」なのです。

〝速読迷子〟の皆さんにこそ、おすすめ

「私は今まで数々の速読法で、失敗を重ねてきました。結局、どれも身につかなかったんです」

こう言って、私のところに駆け込んでこられる人がたくさんいらっしゃいます。そのような

方を、私は〝速読迷子〟と呼んでいます。

「本を速く読めるようになりたい！」という純粋な気持ちがあり、努力を重ねたのに結果が出なかった。そんな場合は**「選んだメソッドが自分に合わなかった」と、捉えてもよい**はずです。

「眼球を素早く動かすような肉体的な訓練」を強いられたり、本全体の構成をイメージしたり、マッピングで問題意識を書き出したり……。それでは、いかに優秀でヤル気に満ちた人でも、肝心の速読に至る前の段階で、精神的な疲れを覚えてしまうことでしょう。

なぜ私が〝速読迷子〟の皆さんを擁護するのかというと、実際にお話を聞いた限りでは「ご本人の能力やモチベーションに問題がある」とは到底思えなかったからです。速読は苦手ではあるものの、ご自身のビジネス面では大成功を収めているような方も多くいらっしゃいました。

ですから、そんな「速読迷子」の方こそ、新たな気持ちで瞬読を試してほしいと思います。

「もしも、**瞬読でもダメなら、速読は諦めてください**」、そう断言できます。

「眼球の動きに頼る」だけだと、限界がある……

今までいくつもの「速読法」が現れ、ブームを起こしたり、話題を集めたりしてきました。

それらを検証してみたところ、ある共通点に気付きました。前にも少し触れましたが、「眼球の動きに頼って速読する」という点です。つまり、「目の筋肉（眼筋）を鍛えることで、眼球を速く動かし、速読する」という考え方です。

しかし、それはなんとも原始的な考え方ではないでしょうか。目にもともと病気やトラブルを抱えている方には、推奨もしにくいはずです。また、読む速度を飛躍的にアップさせることは不可能でしょう。眼球を動かす速さには、物理的な限度があるからです。

もしあなたが「瞬読も眼球を速く動かす方法なんでしょう？」と誤解をしているなら、その思い込みは手放してください。**「眼球を速く動かす必要なんてない」**と捉えるだけで、心理的なハードルは下がり、より早く効率的に瞬読をマスターできるはずです。

あなたの能力は、「2倍以上」を目指せるはず

旧来の速読法には、もう1つ大きな共通点があります。それは、「どれだけ熟練しても、読める速度がさして速くならない」という点です。「眼球の動きに頼って速読する方法では、実質的に、通常の読み方の2倍程度にしかなりません」と指摘する人さえいるほどです。

また、速読を指導するAという団体では、「1分間で2100文字読める」というスローガンを掲げています（この団体も、眼筋トレーニングを推奨しています）。2100文字とは、一般的な原稿用紙（400文字）換算で、約5枚分です。

でも、あなたはそのような速度で、本当に満足できますか？

「通常の2倍速」「1分間で2000字前後」というレベルで、能力の成長を止めてしまってもよいですか？　瞬読の場合、桁外れのスピードで文字を読むことができます。「9～10時間

のトレーニングで、**分速1万字**」（200ページ程度の文庫本を10分未満、新聞の1面を隅々まで約1分で読み終えられる）なんて人はザラです。

比較をするとよくわかりますが、瞬読の場合はゼロの数が1つ違います。何より、**速さの目安となる基準を、原稿用紙の枚数ではなく「書籍」の冊数で換算する必要があるほど、卓越したスピードなのです。**

万人が再現できないメソッドなんて、無用の長物

この「**人を選ばない**」**という点が、瞬読の優れたところ**です。どのような技術についても当てはまることですが「誰でも再現できる方法」でないと、有益なものとは言えないでしょう。

一方で、従来の速読法を概観したとき、次の2点が心配されます。

1つ目は「準備に時間がかかる」という点。マインドマップづくりをはじめ、何らかのワークが伴う場合、そのための時間を、（速読そのものを習得する時間とは別に）わざわざ捻出しなければなりません。それでは「時間に余裕のある人向きの速読法」になってしまいます。忙しい人ほど、速読をマスターしたいという欲求は強いはずなのに、非常に惜しい話です。

2つ目は、「なぜか効果が得られない人も多い」という点。今まで私は、数十人という単位

で、このような声を直接耳にしてきました。しかし、そのように嘆く人たちは皆さん十分意欲的で、実務能力や社交性に富んだ優秀なビジネスパーソンばかり。ですから、従来の速読法については「向き不向きがある」「できる人とできない人の差が大きい」と捉えています。

読む人を選ばず、読める本のジャンルは幅広い！

このように、瞬読は高い再現性を誇ります。たとえば、某速読法のように「地頭力」や特別な「素養」「センス」が問われる技術では全くありません。

たとえ成長がゆるやかな人であっても、8時間の訓練で「分速2万字以上」に達することはよくあります。さらに言うと、1年間の訓練で、92％の人が分速2万字のレベルに到達しています。また従来の「速読」とは大きく違って、眼球をほとんど動かさなくてもよいため、お子さんや年配の方にも安心して取り組んでもらえます。

つまり、瞬読とは万人に優しい、そして嬉しい速読法なのです。

「人を選ばない」と同時に、「読む本のジャンルも幅広い」。

瞬読は、そんな長所も持ち合わせています。ビジネス書、生活実用書はもちろん、ノンフィクション、ビジネス書など。**いったん技術をマスターすれば、新聞や雑誌、また書類などにまで活用することができます。**

唯一、避けていただきたいのは「小説」くらいのものでしょうか。なぜなら、小説の大部分は情景描写でできており、そこから人物の気持ちや物語を読み取っていくには、精読が必要になるからです（詳しくは、P48からのQ＆Aでご説明します）。

内容を覚えていなけりゃ、読む意味なんてない

従来の速読法について触れてきた理由についても、お伝えしておきましょう。

私は学習塾を、全国で経営しています。「生徒たちの成績を少しでも上げたい」という一心から、速読法をカリキュラムの1つに取り入れてきました。つまり、塾の運営をスタートさせてから本筋の「受験科目の勉強」とは別に、そのときどきに最良と思われる速読法を、片っぱしから実際に試し、学習塾に導入してきたのです。

ただ残念なことに、学習塾の最高責任者として「最高！」と太鼓判を押せる速読法には、とうとう巡り合えませんでした。

「教材を読む速度が、確かに5倍速くなった」などと、生徒たちに喜んでもらえたことは、何度かありました。しかし**「記憶として、脳に全く定着しない」という声が多く聞かれました。**

惜しい話ですが、**従来の速読法では、生徒さんたちの成績はアップしなかった**のです。

そこで私は、真に役立つ速読のメソッドを自力で開発することにしました。そして試行錯誤

の結果生み出したのが、現在の「瞬読」の原型です。

学習塾の生徒たちにも試験的に試してもらいましたが、予想通り、目覚ましい効果が表れ続けました。テキストを**読む速度がアップしただけではなく、成績まで向上した**のです。

特にその傾向が顕著だったのは、入塾時の成績が芳しくなかった生徒たち。入塾当初は合格を危ぶまれていたような生徒たちが、次々と難関校に合格していく姿を見て、「瞬読」が真に役立つものであると実感しました。それから、メソッドをさらにブラッシュアップし、凝縮したテキストとしたのが本書というわけです。

本の内容がアウトプットできてこそ、本当の読書

本当の意味で、情報を自分のものとして獲得しようとするときは、インプットの作業を終えて、安心しているだけでは不十分です。自分の言葉で、ゼロから論理立てて発信ができるようになってはじめて「情報を吸収した」ことになります。

それは、算数や理科の「公式」を例にとって考えてみると、理解しやすいでしょう。「公式を覚える」とは、単に「公式そのものを暗記する」という意味に留まりません。公式を実際に使い、問題を解けるレベルに至って初めて、「公式を覚えた」ことになるはずです。

このような知の常識は、もちろん瞬読にもあてはまります。だからこそ、**「読む（インプットする）」という作業の後に、その内容を「書き出す（アウトプットする）」ところまでを瞬読**

と定義しています。

とはいえ、「アウトプット」という用語を聞いて、「難しそう」とひるまないでください。「読んだ内容を、一言一句、全く同じように書き出しなさい」というわけではありません。

具体的に言うと、「原稿用紙1枚程度（約４００字）にまとめましょう」というのが、瞬読の標準的なスタイルです。短いときは約１００字でも、多く書けるときは原稿用紙2枚に及んでも、全く差支えありません。

また、**書き出す内容についても制約はありません。**印象に残ったフレーズや、好きな言葉、真似してみたいことや、心に刺さった教訓など、何でもよいのです。**最終的なゴールは「本の中で、自分にとって最も重要と思われること」（本の要旨）をつかむことですが、慣れるにつれて、うまくできるようになります。**

脳の仕組みから考えると、「音読」はしないのが正解

いわゆる「速読」というカテゴリーには収まらないメソッド、瞬読。それゆえ、**一般的な常識があてはまりにくい部分もあります。たとえば「音読はしない」というルール。**

そこには、重要な意味が含まれています。声を出して「音読」をすると、情報処理の速度は、途端に落ちます。「音読できるペースでしか読めない」という制約を受けてしまうからです。

もし、音読で書物を読む場合。「1日で1冊」どころか、「3日で1冊」というペースさえ厳しいはずです。そんな制約にはとらわれず、スピードアップをしていきましょう。

脳が持つ素晴らしい能力を、もっと信じてあげるべきです。特に脳の情報処理能力について言うと、どんな人でも一層スピードアップが可能なはずです。

脳にとってみると「音読の速度なんて、遅くて物足りない！」と感じてしまうことでしょう。

もちろん、音読には音読特有のメリットもあります。幼児などの〝初学者〟には、何らかの効果が期待できるかもしれません。また「音読が認知症を遠ざける」という説もあります。

けれどもそれらは、瞬読が目指すゴールとは違うはず。また「瞬読するとき」と「音読するとき」、使う脳の部位は異なるとも言われます。目的に応じて、本の読み方は使い分けたいものです。

眠りっぱなしの右脳を、今こそフル活用しよう

ではいったい、瞬読では脳のどの部位を使うのでしょうか。

答えは「右脳」です。右脳とは、イメージ（画像）処理を行ったり、創造的な発想をしたり、全体的な把握に携わったりする脳のパーツです。瞬読では「全体的な把握」や「イメージ処理」を得意とする右脳を利用して、本を理解します。

一方、従来の眼球の動きに頼る速読は、「左脳」を使うことがほとんど。左脳しは、言語や計算など、論理的な思考を担当する脳のパーツです。「一言一句、意味を理解しながら読むスタイル」は「左脳ありきの速読法」と言えます。

現代人は、概して「左脳偏重の生き方に傾いている」とよく言われます。つまり「動物的な感覚や直感ではなく、理詰めで考えることが多い」ということです。

現代は、高度に情報化された社会で、ネットを通じてコミュニケーションをとる局面も増えています。「左脳の働きによって言葉を使いこなし、ロジカル（論理的）な態度で過ごす」、そんな瞬間が多くなることもあるでしょう。しかし、それでは右脳が本来持っている力を、活かしきることができません。つまり、**多くの現代人が眠らせている右脳に注目し、そのパワーを呼び覚まして活用するべく導いていくメソッドが、瞬読**なのです。

多くの人の場合、「右脳」は高い能力を備えているのに、指令が来ないため「働かなくていいのだ」と思い込み、休んでいる状態です。そこで「右脳を使う」と意識をして、効率的に働きかけると、右脳は活発に働き出してくれます。

このように右脳を活性化させることを、私は「右脳を開く」と呼んでいます。

さらに踏み込んで言うと「右脳を開く」ためには右脳を鍛えるだけでなく、**「右脳と左脳をリンクさせる（つなぐ）こと」も大切**です。だから**「読んだ内容をイメージで取り込む」（＝右脳の働き）だけでなく、「読んだ後に内容を書き出す」（＝左脳の働き）ことまで含め、「瞬**

読」でフォローをしているのです。

左脳だけに頼ると、脳全体の3％しか使えない

「脳は全体のわずか3％しか使われていない」とよく指摘されます。この「3％」とは、そのほとんどが左脳（顕在《けんざい》意識）を指します。「顕在意識」とは、普段認識できる意識のこと。論理的な思考や判断力などを指します。

左脳は、コツコツ努力し積み上げる、いわば〝キャパシティー（許容量）の小さい〟脳です。そのため、次々忘れないと次の情報を記憶できないため、短期記憶にしか向いていません。また、緊張した意識集中により「疲れやすい」という特徴があります。

一方、右脳とは感情を支配し、イメージで認識や記憶を行う脳で、「潜在《せんざい》意識」（無意識）に関わる部位です。「潜在意識」とは、通常認識できない意識のこと。感情や直感、本能的な欲求などが含まれます。右脳は、言語での認識はせず、イメージで瞬間的に記憶・認識します。後から必要となれば、その記憶を瞬時に蘇《よみがえ》らせ、「ひらめき」「直感」として提示してくれます。

本来、「顕在意識」と「潜在意識」はどちらも欠かせず、2つで1セットとして機能するようにできています。ところが現代社会は、「左脳優位」になりがちです。その結果、潜在意識を軽視しすぎたり、置き去りにしたりする傾向があります。

瞬読では右脳にまず働きかけることで、潜在意識に保存性の高いイメージ型の記憶を刻みつ

けることができるのです。

瞬読のトレーニングは、年齢も、場所も、時間も問いません

瞬読のよいところは、行う人の〝年齢〟すら選ばないところです。

脳の発達という点から考えると、発育途上である子どものほうが、年齢を重ねた大人より適していているのではないでしょうか。

確かに「右脳を活性化させやすいか」という観点から言うと、「お子さんのほうがより早く能力を開発させやすい」とも言えるでしょう。しかし、瞬読に限らず読書を速く行おうとするとき。「読めない漢字」「理解できない言葉」「馴染みがない内容」を読むことは、向いていませんから、この面では大人のほうが有利です。

「速く読む」という技術は、あくまでも「読める字」「理解できる内容」「たとえ理解はできなくても、ある程度の興味がある内容」を情報処理する際に有効な手段なのです。とはいえ、お子さんの場合でも勉強の習熟の度合いに応じて、読める文字の範囲で瞬読の訓練を行えば、大きな効果が期待できます。

瞬読は、小学校中学年以上の人なら誰でも、いつでもどこでも実践できます。通学や通勤途中の乗り物の中でも、本さえあれば気軽に取り組めるメソッドなのです。

瞬読をマスターすると他の能力もつられて磨かれる

瞬読を体得した後は、脳全体が活性化します。その結果、理解力や記憶力など多くの能力も連動して向上することがよくあります。たとえば次のような能力です。

①情報を受け止める力

情報を受け取る能力がアップします。そのため、「電車や車の窓から見える広告や看板などの文字が読み取れる」という声を、瞬読経験者からよく聞きます。それまで意識さえしなかったものが、くっきりと見えるようになる。それは、動体視力にもよい影響が出た結果でしょう。

②反復練習を行う力

「反復練習」を行う能力も飛躍的に高まります。その結果、さまざまな試験（テスト）で好成績を叩き出せるようになります。どのような試験でも、1冊のテキストを1回瞬読しただけでは、高得点は望めないものです。とはいえ、瞬読の場合は1冊を通読するスピードが速いため、「読む（インプットする）」という行為への心理的なハードルが低くなります。そのため「複数回の通読」が容易になり、そのたびに情報を「記憶」として何度も固めることができ、最終的には記憶をかなり強固にできるというわけです。

③情報を処理する力

デスク作業やパソコン作業のスピードや効率も、アップします。右脳が活性化したおかげで、これまでと同量の仕事や学習にかかる時間が大幅に短縮されるからです。

その代表的なバロメーターが「メールのやりとりに要する時間」です。「1通の返信に10分かかっていたところが、2~3分で済むようになった」という声を多くいただきます。つまり、他のあらゆる作業についても「処理速度が増す」と考えられるはずです。

瞬読の訓練で、活躍できるシーンが急増する

速読の力以外に、さまざまな能力がアップすると、「成績」「記録」などの結果も好転します。それは、私の運営する学習塾の生徒たちが、既に証明をしてくれている事実です。

学習塾のカリキュラムの1つとして瞬読をトレーニングした生徒たちは、厳しい競争を経て難関校に合格しただけではありません。**スポーツや音楽などの分野でも、目覚ましい好成績を叩き出すようになった**のです。

野球、テニスなどの球技のプレーヤーたちは、口を揃えて「ボールの動きがはっきり見えるようになった」と報告してくれました。「視野が広がったおかげか、試合中に、コート全体の動きが把握できるようになった」というバスケットボールの選手もいました。

また「楽譜をすぐに暗譜（暗記）して演奏できるようになった」という楽器演奏者もいまし

た。さらに、ダンスやバレエなどの踊り手たちからは、「振り付けを覚えるスピードが速くなった」という驚きの声が寄せられたのです。

このように瞬読とは、人生まで変えてくれる能力開発のメソッドなのです。

第2章

「瞬読」はどうすれば習得できるのか？

――やることは、そんなにない。
誰でも簡単にマスターできます！

瞬読を無理なく体得できる流れとは

いよいよ、瞬読のトレーニングの方法について、具体的にご説明していきます。
その流れは、次の4ステップに大きく分類できます。

瞬読をマスターするための4ステップ

ステップ1　変換力を鍛える「変換力トレーニング」（1～4日目で訓練）

ステップ2　イメージ力を鍛える「イメージ力トレーニング」（5～6日目で訓練）

ステップ3　本を右脳読みする「本読みトレーニング」（毎日少しずつ訓練／だんだん速くなる）

ステップ4　本の内容をアウトプットする（手書きでアウトプットを行う）

トレーニングといっても、そのやり方はいたってシンプル。DVDに収録された動画を見るだけ。なお、トレーニングの一部は、外出先でスマホなどでも再生できます（詳細は、p62以降のドリル編を参照）。

全部で7日間分（1週間分）収録していますが、日によってステップ1とステップ3の日もあれば、ステップ2とステップ3の日もあったりします。

なお、ステップ1とステップ2は、本書の動画や、瞬読の本の第1弾である『1冊3分で読めて、99％忘れない読書術 瞬読』で鍛えることができます。ステップ3は本書のドリルだけでなく、好きな本で行うこともできます。速く読むことを意識すればいいだけだからです。ステップ4は、好きな本でステップ3を済ませた直後に、行ってください。

ステップ1 「変換力トレーニング」

変換力を鍛える（1～4日目）

ここから、1つ1つのステップをわかりやすく解説していきましょう。

「ステップ1」では、画面にランダムに配置された文字のグループを、自分の知っている言葉に高速で変換していくという訓練を脳内で行います。たとえば、左にあるように、バラバラに並んだ文字から「てんとうむし」という言葉に変換します（単語を入れ替える言葉遊び「アナグラム」をご存じの方は、それを「元に正しく戻す作業」と捉えてください）。

脳は、「バラバラに見える文字」を、「既知の情報に変換しよう」とする本能的な働きを備えています。脳には「無秩序な状態を嫌い、正常に整った状態を好む」という性質があるからです。「既知の情報に変換しよう」とする力を、本書では「変換力」と呼びます。「ステップ1」では、この変換力を鍛えます。

変換力を効果的に鍛えるには、制限時間内で行うことが必須です。適度な制約がある状況のほうが、ヤル気が出たり、潜在的な力を発揮しやすくなったりするからです。「1つのバラバラに並んだ文字につき、5秒以下（2日目・4日目は2〜3秒以下）」というペースを守り、文字の並び替えを楽しんでください。

注意していただきたいのは、脳は「情報を既知の言葉にしか置き換えることができない」という点です。そのため本書では（ごく一部の単語を除き）小学校中学年以上を対象にした問題ばかりを揃えています。

ですから、幼いお子様にとっては、知らない言葉も多いことでしょう。知らない言葉が増え

う　　　て
ん
し　　　む
と

↓

てんとうむし

↓

ると、トレーニングのモチベーションの低下にもつながりかねません。

そこで、小さなお子様がトレーニングを希望される場合は、保護者が「『ひまわり』『ライオン』など易しい言葉の、文字順を並び変えたカード」などを手作りして、行ってください。

意味は取らなくていい、理解もしなくていい

逆説的に聞こえるかもしれませんが、変換力を鍛えるときは、視界に入る文字の全てを「読もう」としたり、「意味を取ろう」としたりしないでください。

たとえば「イカラレース」という文字を見た瞬間に、「カレーライス」と一瞬で正しく並び替えることができなかったとしても構いません。気にせず、どんどん次へと進んでください。

そして「問題を1つ1つ着実に解くこと」よりも「動画の流れ通りに進み（スロー再生やコマ送りをしない）、1日分の問題全てを終えること」を優先させてほしいのです。

「1回目で、全て正しく並び替える必要なんてない。いつか正しく並び替えられるようになるはず」

このようなおおらかな気持ちで取り組んでください。

「全ての意味を、正確に取らないと気持ち悪い」と感じる方もいらっしゃるかもしれません。

でも、全てを正しく並び替えるには、誰でも時間がかかります。慣れるまでは1つにつき数

十秒、もしくは1分以上かかることだって珍しくはありません。だから、最初から「意味を正確に取ろう」としないでください。「意味を正確に取ろう」とした時点で、瞬読から遠ざかる。そう思ってもいいくらいです。

「全ての意味を正確に取ろうとする読み方」は、左脳で論理的に読む「左脳読み」です。瞬読のために右脳の活性化を目指して鍛えているはずなのに、「左脳読み」をすると右脳は眠ったままになってしまいます。「右脳読み」を体得し、正しく瞬読を行うためには、文字を「チラッと見る」だけでも十分です。動画再生を止めず、どんどん次に進んでください。

また「内容を理解していない」と感じていても、脳は意外と正確に内容を詳細に覚えてくれています。その証拠に、アウトプットをしてみると、予想以上に多くの事柄を書き出せるもの。「読み込まない」という姿勢を徹底させてください。それこそ、1冊の本を3分で瞬読できるようになる早道です。

さらに言うと「考えこまないこと」、そして「頑張りすぎないこと」も重要です。

※これらの原則は、「ステップ1〜4」のいずれにも当てはまります。

瞬読とは、単語の拾い読みだけをする技術ではない

なお、瞬読は単語の拾い読みをただするものではありません。もちろん、単語の拾い読みば

かりすることも、短時間で読めることにつながれば、否定はしません。

でも瞬読とはそうではなく、「単語が正確に読み取れなくても、文字を短時間で拾うことで、そこから正しい単語や文章を瞬時に推測し、意味をつかんでいく」という方法です。そのためのトレーニングが、ここで行う変換力トレーニングとなるわけです。

ステップ2

「イメージ力トレーニング」

イメージ力を鍛える（5～6日目）

「変換力」の次は、複数行の文を瞬時に読み取る「イメージ力」を磨きます。

「文を瞬時に読み取る」といっても、一言一句、丁寧に読み取ろうとしないでくださいね。それでは、「右脳読み」ではなく「左脳読み」になってしまいます。

読み取れた言葉を脳で再構成し、1つのビジュアルを「ボン！」と思い浮かべられたらOK。

これが、イメージ力を鍛えるトレーニングです。

実際の問題を、１つ挙げてみましょう。

「うさぎの絵が描かれたエプロンを着たお母さんが、フライパンでハンバーグを焼いている。」

この文を見て、一瞬で重要と思われる単語だけを読み取り、１枚の絵を思い浮かべてみてください（重要な単語の例：「エプロン」「お母さん」「ハンバーグ」）。

一部の形容動詞や助詞などは、どんどんスルーしてOK。また、１つくらい重要な単語を読み取ることができなくても、気にしないでください。

このように、文字を受け取り（インプットして）、ビジュアルにしたりしてイメージ（アウトプット）するトレーニングが、「ステップ２」という段階です。この訓練を繰り返すうちに、右脳が刺激され、イメージする力がみるみるついていきます。

「ビジュアルのイメージが難しくてできない」。そんなお声もいただきます。

でも、ちょっと待ってください。イメージ

力は誰にでも備わっている能力です。無意識のうちに、脳裏にビジュアルは浮かび上がってくるものです。

たとえば、ランチで何を食べるか、同僚と雑談をしているとき。

「和食にする？」

「中華にする？」

「それとも人気のピザ屋さんに行ってみる？」

会話中、メニューのビジュアルがひとりでに想起されているはず。そんな脳の動きに、速さを意識しながら取り組むのが「ステップ2」です。脳の中でもイメージを司っている部位は「右脳」。ですから、右脳の活発化を直接的に効率よく促すことができるのです。

気を付けてほしいのは、やはり「左脳読み」。文字をインプットするとき、慣れないうちはどうしても「左脳読み」に傾きがちです。それを防止するには、1つの文を「1秒以下」のスピードでめくり続けるのが有効。つまり、物理的に読めなくすればよいのです。

もちろん、スピードを保つと「ビジュアルを思い浮かべられない」ということも起こってきます。そんな場合は、「一時保留」でOK。こだわりすぎずに、先へと進みましょう。「次に通しで瞬読するときに、イメージができればいいいな」というくらい、気楽に捉えてください。

ステップ3 「本読みトレーニング」

本を右脳読みする（毎日少しずつ訓練）

本を実際に「右脳」で読んでいきましょう。「どのような本を読めばよいのか」などの疑問については、Q&Aコーナー（p48〜59）で詳しくご説明しています。

ここで出てくる大きな課題は、「視点の動かし方」です。自分に合った動きや速度で、まずは試してみてください。

ゴールは「なるべく多くの文字をいっぺんに見ること」です。とはいえ、最初は「1行の半分ずつ」という視点の動かし方でも、大変に感じるかもしれません。

けれども、ステップ1→ステップ2→ステップ3と繰り返していくことで徐々に慣れてきて、「見ることのできる文字数」も飛躍的に増えていきます。たとえば「1行がいっぺんに」「2行がいっぺんに」、やがて「1ページ丸ごとがいっぺんに」という調子で、視点を動かせるようになる人もいます。さらには「見開き（2ページ）ごと」を1ブロックとして捉えて瞬読する上級者もいます。試行錯誤を少し積み重ねれば、心地の良い目の動かし方はすぐに見つかります。

本を高速で強制的に読むコツ

今まではもしかすると1分で400字でも速いくらいであったのが、「1分で1000字よりも速く！」といわれても、なかなか難しいと思います。

そこで**おすすめなのが、指で当てて読んでいく方法。人差し指の先などで、「行の頭」「行の末尾」「次の行の頭」「その行の末尾」……というように、テンポよく指先を当てていきます。**

この指先の動きに合わせて、目線を動かします。

ただしこの方法だと、1冊を3分で読み切るのは難しいかもしれません。しかし3分で読み切れなくても、今までよりも速く読み進めるには、取り組みやすい方法なので一度お試しください。これを何度か繰り返すことで、次第に速くページがめくれるようになります。

文字を読む速度を、意識的にアップしていく

ドリル編の7日目を終えたところで、1冊15分くらいで読むペースに到達しています。1分間で約4000字を読める技術を、体得できているからです。

ただ、もっと速く読むようにトレーニングすることは十分に可能です。1～6日目の変換力やイメージ力のトレーニングをし、実際の本でも「1冊を3分で読み切ること」を繰り返して

ください。そうすることで、「1冊3分をラクラク読めるペース」に近づいていきます。

ステップ4 「本の内容をアウトプット」

本の内容をアウトプットする

いよいよ最終ステップです。右脳でインプットした情報を口頭で話したり、原稿用紙に記入したりして、アウトプットするトレーニングを行います。これは、従来の速読法にはない、「総仕上げ」とも言える重要なステージです。

アウトプットをするからこそ、本から取り込んだ内容をより強固に記憶できるようになります。また脳も、全体的に一層活性化します。その理由は、「左脳を主に使うから」。左脳と右脳、いずれも活用することで、脳は全体的に能力をアップさせることができます。内容を論理立てて説明する作業は、「言語脳」と称される左脳が主に担っているからです。

次の写真は、瞬読を受講する方が、1冊読破後に1度も本を読み返すことなく書き出してい

る様子です。
とはいえ、誤解をしないでくださいね。このステップの目的は「美文・名文を書くこと」でも「論理的で整った文章を書くこと」でもありません。「脳をきちんと使えているか」を検証するため、自分のために書くのです。
だから、読みにくい字であっても、箇条書きの羅列であっても、単語のメモでもOKです。
反対に「立派なアウトプットを書かなければいけない」と思い込んでしまうと、「アウトプットが面倒だ」と感じるようになり、瞬読から遠ざかってしまうかもしれません。気持ちの負担にならないよう、肩の力を抜いて気楽に書いてみてください。

アウトプットは手書きがいい理由

ご注意いただきたいのは、書き出す方法です。スマホ上のメモやアプリなどにフリック入力で書いたり、パソコンのキーボードで打ち込んだり、音声録音したり……というデジタルな記録の仕方は避けてほしいのです。

なぜなら、手先を動かして文字にすること自体に、脳を刺激する作用があるからです。普段はデジタルデバイスに囲まれて暮らしている人も、瞬読でアウトプットをするときは、アナログな「ペンと紙」というスタイルで臨んでください。

もちろん「デジタル形式の入力＝効果ゼロ」というわけではありません。手書きをどうしても億劫《おっくう》に感じるのであれば、デジタル方式でもよいでしょう。

要は、アウトプットに対する心理的なハードルを下げ、習慣化してしまうことです。呼吸を無意識に行うのと同じようなレベルで、スラスラ書き出すことを目指していきましょう。

Q. 変換力を鍛えるとき。文字の種類によって難易度は異なる?

A. 漢字が多いとやりやすく、平仮名が多いとやりにくくなります。

バラバラに配置された文字を、知っている言葉に〝高速〟で置き換えるとき。通常は「平仮名が最も難しく、カタカナや漢字は易しい」と感じるものです。たとえば国名の「大韓民国」という言葉をイメージしてみてください。バラバラに「国」「大」「民」「韓」という文字を見ても、「大韓民国」とスムーズに連想できるはず。一方、「ん」「い」「く」「だ」「か」「ん」「み」「こ」という平仮名の集合体を見て「だいかんみんこく」と変換するのは、少し難しく感じることでしょう。

Q. 私には、文字の「変換力」があまりないような気がするのですが……。

A. 文字が読める人なら誰でも、変換力を持っています。

「変換力」とは、文字を読める人なら誰にでも、生まれつき備わっている能力です。たとえば一つの文章の中に、誤った字が数文字あったとしましょう。その程度の間違いであれば、ほとんどの人は、誤字に気付かず普通に読めてしまいます。

つまり、脳が文章のかたまりを目にしたとき。一言一句を正確に読み取っているわけではなく、誤った情報は自動的に補正や修正をしながら、文意を汲み取っているのです。

そのような「情報を補いつつ、自分の知っている言葉にうまく変換する力」が、瞬読に必須の「変換力」です。

もちろん、文字を変換する速度には、個人差があるかもしれません。しかし、この「変換力」は、意識して鍛えることができる能力です。「変換力」のスピードを他人と比較するのではなく「過去の自分」と比べるようにして、どんどんブラッシュアップしていきましょう。

Q. 瞬読には、「基礎知識がある分野の本」が向いている？

A. その通り。脳が〝高速処理〟をしたがるのは、「知っていること」なのです。

瞬読を行うときは「基礎知識がある分野の本」を選ぶことが基本です。たとえば、お子さんの例を考えてみてください。漢字がほとんど読めないお子さんに、漢字が適度に使われている文章を読ませようとしても難しいはず。また、英語を学んだ経験のないお子さんに、英文をいくら読ませようとしても歯が立たないものです。

このように、脳とは「既知の情報」しか処理できないようにできています。ですから、基礎知識のない分野の本を瞬読したいときは、そのジャンルについて、基本的な用語を知ってから、挑戦するようにしてください。

Q. どんなジャンルの本が、最もおすすめ?

A. 文字が中心のベストセラー本を推奨します。

最もよいのは、「ベストセラー」になった本です。ベストセラーと称される本は、より多くの人の手に渡る目的で、「サイズ」「字の大きさ」「ページ数」「表記」などが理想的な状態になるよう、調整されています。

「ベストセラー」とは、「短期間によく売れた本」「書店の目立つところに多めに置かれている本」「売上の上位にランクインした本」と理解してください。ジャンルは、ビジネス書や生活実用書や新書が向いています。

ただし、ビジュアル(写真やイラスト、グラフなどの図解)の要素が多い本は、トレーニング用としてはおすすめできません。「文章(文字)をイメージに変換する」という肝心の作業を、脳が行う必要がないからです。

Q. 小説が大好きなので、瞬読の訓練に用いてもよい?

A. 小説は、瞬読には不向きです。

瞬読に向いているのは、あくまで実用書です。たとえ瞬読のキャリアが長い方でも、相当速く読める方でも、小説を瞬読することは推奨していません。

なぜなら、「瞬読の技術で、本から情報をインプットすること」と、「小説に描かれた情景や世界観、文字から伝わってくる情緒を味わうこと」は、全く異質のものであるからです。

また推理小説やミステリーなどでは、途中に仕掛けられた伏線やヒントなどに気付く必要があります。それは精読や熟読でないと、なかなか難しいことでしょう。

小説は、一般的な読書の方法で心ゆくまで楽しむことをおすすめしています。

Q. 新聞、雑誌、漫画……。変則的なレイアウトの文字も、瞬読はできる？

A. ビジュアル要素が多いものは避けて。ただし新聞や雑誌の一部は可能です。

ビジュアルと文字が混在しているものは、瞬読には向きません。つまり漫画（コミックス）や各種雑誌よりも、文字だけの本のほうが、瞬読に適しています。

とはいえ、変則的なレイアウトだから、瞬読に不向きというわけではありません。たとえば新聞や雑誌の一部は変則的なレイアウト（配置）になっていますが、瞬読は可能です。

新聞は、大きな紙面に複数の記事がパズルのように詰められています。罫線で囲まれた記事を1つのユニットとして捉え、ユニットごとに速く読めば、瞬読できます。雑誌も文章がある程度固まった部分でしたら、そこを一気に瞬読できることもあります。

Q. 瞬読のトレーニングは、静かなところで行うのが理想的？

A. 環境づくりより、「にぎやかなところでも集中できる力」を養うことこそ大事です。

静まりかえった環境に毎日身を置くのは、非常に難しいことです。環境を整えることに尽力するよりもむしろ、「どんな環境でも一瞬で集中できるクセ」を身につけましょう。同じ部屋で家族がテレビを観ている横でも、瞬読に集中できる。そんな姿こそ理想です。

Q. 瞬読の訓練中に、休んでもいい？

A. 休むことで、集中力は飛躍的にアップ。うまく休憩しましょう。

瞬読は頭を使うだけではありません。体力も、集中力も要します。だから、休憩（小休止）をうまく挟みながら、訓練を続ける姿勢が大切です。

たとえば「15分の集中トレーニング＆5分間休憩」という1セットを繰り返すことです。慣れてきたり、「楽しいから休みたくない！」と感じたりする場合は、「30分の集中トレーニング＆5分間休憩」、あるいは「45分の集中トレーニング＆15分間休憩」を1セットとしてもよいでしょう。脳の仕組みから考えると、「15分」の倍数で計画を立てるのがよいとされています。

もちろん、慣れるにつれて、疲れは感じにくくなっていきます。

Q. 線を引いたり、マーカーで色をつけたり、付箋《ふせん》を貼ったりしてもよい？

A. 手を動かす作業はやめて「右脳読み」に集中しましょう。

瞬読をするときは、「右脳読み」に集中するのが正解です。マーカーやラインを引いたり、付箋を貼ったり、折り目をつけたり、手を動かす作業は、「右脳読み」を妨げるからです。

大事な箇所に気づいたときは、物理的に目印を付けるのではなく、がんばって脳に記憶させるよう意識してください。意識さえしていれば、右脳読みの後、原稿用紙に向き合ったときも徐々に、スラスラと紙に書けることでしょう。

また、大事な箇所が気になるときは、その本を再び最初から最後まで瞬読してください。それで、気になる情報は記憶として脳に固定化されます。

ただし、レポートや企画書など何かを作成するために、本の内容を「記録」したい場合。筆記具や付箋などで本に痕跡《こんせき》を残すことは仕方がありません。そのような「目的がある読書」と「瞬読のトレーニング」は、分けて考えてみてください。

Q. 1冊の瞬読にかける長さは、何分間が理想ですか？

A. まずは、「1冊を1回で30分」を目指してください。

ゆっくりと何時間も何日もかけて1回熟読するよりも、複数回の瞬読のほうが、理解の度合いは深まります。一度、2時間かけて1回読むのをやめて、30分で4回読んでみれば、その効果は実感できるはずです。

また記憶の量も圧倒的に増えます。なぜなら脳は、「たった1度の刺激」よりも「回数の多い刺激」のほうが、情報を多く処理したり、記憶を深く刻み込んだりできるからです。

それに、高速で右脳を使って読む状態（＝瞬読）からは遠ざかってしまいます。もはや、「精読」「熟読」になっています。

「一度の瞬読で、全部理解する必要なんてない」と最初から思っていれば、瞬読への心理的なハードルは下がります。そのようなリラックスした精神状態こそ、脳をリラックスさせ、右脳をフル活用することに直結します。

ですからまずは30分で読んでみて、それでも理解が足りなかったらもう一度30分以内で読み、さらに足りなければもう一度30分以内で読めばいいだけです。

瞬読は、やればやるほど慣れて速く読めるようになります。次第に30分が25分、25分が20分に、というように……。こうして1冊3分までたどり着いた人も珍しくありません。

Q. 「1ネタ」さえ拾えないのですが、どうすればよいですか？

A. ささいなことも「1ネタ」とカウントしてみてください。

「瞬読後、何もアウトプットができない」という人は、「スゴイところを抜き出そう」と力みすぎているのかもしれません。でも、学校のテストではないのですから、「どこを抜き出すのが正解」というのはありません。「今のあなたが惹かれた箇所」を、書き出すだけでよいのです。たとえ「著者が最も言いたかったこと」を抜き出せたとしても、それが自分にとっての「最高の瞬読」であるとは限りません。

極端なことをお話しすると……。疲れているときに瞬読を行った場合。「最後のページに『〇〇は65％』という数字が出てきたなぁ」という印象しか残らないかもしれません。それなら、アウトプットは「65％」という数値だけでもよいのです。

大事なことは、毎日少しずつでも「瞬読」を続けること。右脳を働かせて、カンを鈍らせないことです。慣れてくると、1度の瞬読で3ネタ、5ネタと多く書けるようになってきます。

Q．本書のドリル編をマスターすれば、1分間で何文字読めるようになるの？

A．約4000文字です。

ドリル編の7日目も難なくこなせるようになれば、1分間で約4000字を読むペースに達しています。つまり5分間で2万字、10分間で4万字、15分間で6万字、20分間で8万字という速さです。

通常の実用書の文字数は、約6万字前後です（文字数が多いもので約10万字です）。つまり、このドリル編を正しくマスターすると「1冊6万字の実用書を、15分間で読めるペース」を獲得できることになります。ただ、それよりも速く読めるよう訓練することは十分に可能です。

1～6日目の「変換力」や「イメージ力」のトレーニングをし、実際の本では1冊3分間で読み切ることを繰り返してください。そうすることで、理想的な「1冊3分」のペースにだんだん近づいていきます。

Q. アウトプットを、パソコンやスマホの画面上で行っても大丈夫？

A. 機械類は使わず、ぜひ手書きで！

手書きには「単に記録をする」以上の計り知れないメリットがあります。指を〝水平〟の方向に動かすことで、脳に直接的に働きかけて、活性化できることになります。

一方キーボード入力の場合、指の動きは自ずと〝垂直〟の方向になります。この方向の違いが、実は大きな差を生むのです。一説によると、「指を〝水平〟に動かすのと〝垂直〟に動かすのとでは、脳に働きかける質が異なる」とも言われています。

たとえば、プリンストン大学とカリフォルニア大学ロサンゼルス校のチームによって行われた研究（2016年）によると、「手書きのほうがよい」という事実がわかっています。

普段の講義を「手書きでメモをとる学生」と「ノートパソコンでメモをとる学生」とで比較したところ、「手書きでメモをとる学生のほうがよい成績をあげ、より長い期間記憶が定着し、新しい着想を得やすい」という結果が出ています。

Q．とても忙しく、時間がとれません。瞬読を一瞬でマスターする近道って、ありませんか？

A．瞬読に〝近道〟なし。まずは7日間、少しずつでも続けることです。

瞬読は筋トレと似ています。1日の量は少しずつでも大丈夫。ただし、できる限り長期的に続けて、習慣化することが重要です。

もしかすると「楽しくて面白くて、1日に1時間以上、瞬読のトレーニングをしてしまった」という日もあるかもしれません。実際にそのような声も、たくさん聞いています。それ自体は素晴らしいことです。

けれどもその反動で油断してしまい、翌日から訓練をサボったり、瞬読から遠ざかったりすることのないよう、気をつけてください。

本書のプログラム通り、「7日間」を目安にしてください。ただし、連続した「7日間」です。

間に「訓練を全くしない日」が入ってしまうと、いったんつかみかけた感覚を、脳が忘れてしまいます。連続した7日間の訓練で「コツがつかめた」と感じたら、それでようやく「1クール」の終了です。あとは、訓練の時間をわざわざとるのではなく、「瞬読」を日常的に習慣化していってください。

もし、7日間の集中的な訓練で、変化が感じられないようなら、自分のやり方が「瞬読として正しいかどうか」、振り返ってほしいと思います。つまり「意味を正確に読み取りすぎようとしていないか（＝読むスピードが遅すぎないか）」「読むスピードが速すぎないか」、見直してみましょう。

スポーツ選手の練習を想像してみてください。フォームがおかしければどれほど練習をしても、目覚ましい結果は出にくいものです。また、思わぬ事故を起こすことだってあります。

瞬読のやり方をセルフチェックしながら、もう1クール繰り返すことをおすすめします。

Q.「瞬読」を一度マスターしたら、その能力は一生持続してくれますか?

A. はい、一生モノの能力です。

瞬読の能力は、「自転車に乗る能力」とよく似ています。その能力を獲得するには、誰でも集中的なトレーニングが必要です。ただ、いったんそのスキルを体得し、定着させることができれば、たとえ数か月のブランクがあっても、再び元のように能力を発揮することができます。子どもの頃に自転車に乗れていた人は、数十年後、大人になっても、乗りこなせるものでしょう(もちろん、ブランクの後は、ヨロヨロと危なっかしい運転になるかもしれませんが、数分の練習で通常のこぎ方ができるようになるはずです)。

「瞬読の能力低下をどうしても防ぎたい」という場合は、短い時間でもよいので、毎日瞬読を続けることです。

このように瞬読のスキルとは、メンテナンスさえすればいつでも思い出せる、一生モノの技術なのです。

Q. 子どもが瞬読をするときは、どんな本を選ぶべき？

A. 文字が中心の本が理想的です。

瞬読の訓練ができるのは、基本的には「小学校中学年以上」です。それまでは、速さを気にせず、絵本や図鑑などさまざまな本に親しませてあげましょう。

ある程度文字が読めるようになったら、瞬読の訓練の始めどきです。「そのお子さんが読める文字」で綴られた本で、瞬読のトレーニングをスタートさせましょう。

本を選ぶときは、「学校の図書館にある本」を目安としてください。ただし、文字が中心の本にしましょう。「漫画（コミックス）」や「図鑑」「絵本」など、ビジュアルが多いものは、瞬読のトレーニングには不向きです。

でも、瞬読をマスターした後、図鑑などを読むのは非常によいことです。「瞬読をできるようになってから、図鑑をパラパラ見ただけで、あっという間に名前を大量に覚えてしまった」という報告を、保護者の方からよくいただきます。それは、想定レベルを超えたうれしい「瞬読効果」です。

さっそく「瞬読」を習得してみよう！

——たった7日間で、読むスピードは確実にアップします！

ドリル編

各日のメニュー

ここからは、実際に瞬読を習得していきます。そのための7日間トレーニングを収録したのが、このドリル編です。

メニューは次のようになっています。

1日目

・変換力トレーニング（縦書き）……約2分間
・変換力トレーニング（横書き）……約2分間
・本読みトレーニング（半行ずつ読む）……1分あたり約1000字

2日目

・変換力トレーニング（縦書き　※1日目より難易度アップ）……約2分間
・変換力トレーニング（横書き　※1日目より難易度アップ）……約2分間
・本読みトレーニング（半行ずつ読む）……1分あたり約1500字

３日目

・変換力トレーニング（円型）……約２分間
・変換力トレーニング（ランダム）……約２分間
・本読みトレーニング（１行ずつ読む）……１分あたり約２０００字

４日目

・変換力トレーニング（円型　※３日目より難易度アップ）……約２分間
・変換力トレーニング（ランダム　※３日目より難易度アップ）……約２分間
・本読みトレーニング（１行ずつ読む）……１分あたり約２５００字

５日目

・イメージ力トレーニング（縦書き）……約２分間
・イメージ力トレーニング（横書き）……約２分間
・本読みトレーニング（２行ずつ読む）……１分あたり約３０００字

６日目

・イメージ力トレーニング（縦書き　※５日目より難易度アップ）……約２分間
・イメージ力トレーニング（横書き　※５日目より難易度アップ）……約２分間

・本読みトレーニング（2行ずつ読む）……1分あたり約3500字

7日目

・本読みトレーニング（3行ずつ読む）……1分あたり約4000字

動画を見る方法

付属のDVDを再生してください。

DVDの取り扱いについては、p13をご覧ください。

さらに、**いつでもどこでも見たい方に朗報！**

「変換力トレーニング」「イメージカトレーニング」については、スマートフォンなどで外出先でも再生できます。

次のQRコード、またはURLにアクセスしてください。

http://movie.sbcr.jp/shdk/

ドリル編のおすすめの使い方

まずは1日目から7日目を1日ずつこなします。

その後は、好きなトレーニングをしてください。

ただし、「変換力トレーニング」は1日目と3日目よりも、2日目と4日目のほうが難易度は高いので、できれば2日目と4日目を選んだほうが、負荷がかかって効果が上がります。でも、どうしても難しいようなら、無理はしないで1日目か3日目に取り組んでください。

同じように、「イメージ力トレーニング」は5日目よりも6日目のほうが難易度が高いので、できれば6日目に挑戦してみたいところです。

「本読みトレーニング」は、後ろの日になるほど難易度が上がるので、できるだけ後ろの日を選ぶとよいでしょう。

実際に本を使って瞬読をすることも、随時行ってください。これは、いつ・どのタイミングで、というのは厳密にはありません。いきなり1日目のドリルを終了した時点で取り組んでもらってもいいくらいです。とはいえ、もちろん、トレーニングをすればするほど、本を読むスピードも向上します。

実際に本を読んだ際には、**ステップ4「本の内容をアウトプット」**にぜひ取り組んでみてください。

「本読みトレーニング」で使われた文章

※今回ご用意した本読みトレーニング用の文章は、ネットビジネスで成功するための思考法とテクニックをまとめた書籍『1か月で3億円稼ぐジョイント思考』（佐藤文昭、小島幹登著／あさ出版）の一部を抜粋して改変したものです。ただし、ビジネスや生き方全般にも通用する内容が書かれていますので、多くの人に役立ち、違和感なく読めるはずです。

1日目・7日目はここからスタート

『第1章』やり方を間違えているからうまくいかない～ビジネスを支える7つの思考～【思考その1：身近な人にこそ、うかつに相談しない】ネットビジネスを始める際、身近な人に相談する人がいます。気持ちはわかりますが、実はあまり得策ではありません。特にこういったビジネスを知らない相手ならなおさら。はっきり言って、話して有益なことはほとんどありません。他人に安易に相談しないほうがいい理由は、2つあります。1つは、人にはそれぞれの立場、ポジションの違いがあるためです。人は自分が現在いるポジション（立場）からしか、ものを言うことはできません。会社員なら、自分が勤める会社員の立場から意見を言います。自分のポジションから見えるものしかわからないからです。自分の知らないポジション、つまり違うポジションにいるあなたのことを理解するのは難しいのです。たとえば、高校の数学教師にとって「微分積分」というものは、とても重要なものですよね。数学の概念からしてもそうですし、生徒に教えるのが仕事でもあるからです。しかし、数学嫌いの生徒にとってみたら、さらに大学受験にも必要なければなおさら、「微分積分」は頭が痛くなるだけの不要な存在です。「微分積分なんか知らなくても生きていける」と思っていますし、もしかしたら事実そうかもしれません。こんな二人がいくら話し合っても仕方のないことは、言うまでもないでしょう。つまり、価値観や立場（ポジション）が違う人間は意見が違い、対立することが普通なのです。対立することがわかっているのに相談する必要なんて、ありませんよね。「話せばわかってくれるはず」と考えるかもしれませんが、ネットビジネスをよく知らない人にどれだけ説明しても、なかなか理解してもらえるものではありません。さらに、一部の実効性の乏しい情報教材などによって悪いイメージを持っている人も中にはいます。そんな人は、聞く耳すら持たず、頭から反対するでしょう。もう1つは、人は自分の優位を守りたいという心理があるためです。ちょっと想像してみてください。地球の裏側に住んでいるブラジル人が、3億円の宝くじを当てました。とても喜んでいます。さて、それを聞いて、あなたはどんな感情を持ちますか？「へぇー」とは思っても、特に目立った感情は湧かないのではないでしょうか。では、宝くじで3億円を当てたのが、会社であなたの隣の席に座っている同僚だったらどうでしょう。喜んでいる姿を想像すると、なんだか心がムズムズしてきませんか？「えっ、なんであいつが3億円も……ムカツクなあ」。そんなふうに思いませんか？人には、身近な人には自分を上回ってほしくない、という心理があります。「なるべく自分の周りは似たような境遇の人でいてほしい」「バランスが保たれていたほうが心地いいし安心する」、深層心理でそう思っています。そのため、距離が近い人であればあるほど、その変化や成長、ましてや幸運に対し、妬みやひがみが発生する可能性が高いのです。悲しいですが、それが現実であり仕方のないことなのです。あなたが相談することによって、相手の中にこうした心理が起きてしまう可能性は高く、その時点であなたにとって有益な意見が出てくることは、ほぼなくなります。それどころか、「あなたのために」と親身になって考えている振りをして、反対意見を伝えてきます。厄介なことに、本当は自己防衛、つまりあなたに差をつけられないために反対しているのですが、本人がそのことにまったく気づいていないなんてこともしばしば。

2日目はここからスタート

本当に「あなたのためだ」と思い込み、真剣に「やめたほうがいい」と迫ってきます。すると相談したあなたのほうも「私のために、こんな一生懸命になってくれるなんて。やっぱりやめたほうがいいんだ……」と影響を受けてしまい、結果、相談したことによって冷静さを失い、よくない方向で判断してしまうという最悪の状況になりかねません。これでは、あなたの夢も実現することはないでしょう。あなたの身になって、あなたのこと、あなたが考えていることをきちんと理解したうえで相談に乗ってくれるのは、ネットビジネスで成功している身近でない人だけと言っても過言ではありません。身の回りの人では、ダメなのです。ただし、次のケースであれば、相談も有効なものになります。自分の決心、決意を確認する試金石にする場合です。友人に話した後に返ってきた言葉に対し、自分がどう反応するかで、自分の信念を試してみることができます。反対意見を言われたことで迷いが出たときは、まだ始めるタイミングではないかもしれません。そのときは、もう一度自分の心に、なぜネットビジネスをやるのかを聞いてみましょう。そのうえでやると決めたのであれば、あとは突き進むのみです。補足ですが、あなたの家族には、ネットビジネスをやることは伝えておいたほうがいいでしょう。話しておかなければ、物理的に作業が難しい場合があるからです。真摯な態度で、ネットビジネスを始める目的をきちんと話し、理解を求めてください。【思考その2：起こっていることはすべて自分のせい】ネットビジネスを始める前に、知っておいてほしいことがあります。言うまでもないことですが、ネットビジネスを始めたからといってすぐに順風満帆の状態になるかというと、そうではありません。よほどのことがない限り、紆余曲折があるでしょう。くじけそうになることもあるかもしれません。日々の努力が必要な時期が続きます。成功したいと願う人であればあるほど、勉強にいそしむことでしょう。ところが時々、ネットビジネス教材を買ったり

1日目はここで終了

、ビジネス塾に入ったりしたにもかかわらず成功できないと、その運営者や執筆者を攻撃・批判する人がいます。自分がうまくいかないのは、購入した教材が悪かったから、塾の指導が悪いからだ、と。しかし、最終的にその教材等をよいと思って購入したのは、自分自身です。いろいろ見比べた中から、自分で判断したはずです。にもかかわらず、まるで被害者のように非難する。こういう人は、成功にはほど遠いマインドの持ち主だと言えます。このままでは、成功は難しいでしょう。あえて書きますが、教材を買ったら成功が約束されるなんてことはありません。塾に入ったからといって手をひいて成功へのエスカレーターに乗っけてくれるわけでもありません。教わったノウハウやテクニックを生かし、成功を呼び寄せるのは、あなた自身のマインドと行動なのです。うまくいかないとき、またトラブルやピンチのときに、外部や他人のせいにする人は、残念ながらビジネスで成功するタイプではありません。ネットビジネスという形態上、意識しにくいものではありますが、ネットビジネスを始めた時点で、あなたは経営者。経営者たる者、すべては「自己責任」です。起こっていることはすべて自分のせいだ、と考えることが必要です。「経営」と書くと、「自分は副業でお小遣いを稼げたらよいと思っているだけで、そんなスケールの話にはついていけない」と言う人がいます。しかし、自分のビジネスを持つ以上、どんなに小さな規模でも経営者の目線を持つべきです。たった一人の、それも副業ビジネスであったとしても、あなたはそのビジネスのオーナーでありリーダー。あなたの判断、行動が、そのビジネスの経営方針であり、指針となります。それは、準備段階であっても同じです。仮に、誰かに騙されたり、裏切られたりしたとしても、経営者である自分のせいだと考え、対策を考えましょう。もちろん、うまくいった場合は、自分のやり方に自信を持ってください。ネットビジネスは、自分の判断と行動が、成功も失敗も決める。そのことを覚えておいてください。【思考その3：「1日30分の作業で月収100万円」は本当か？】「ネットビジネスは楽をして稼ぐことができるもの」。もし、あなたがそう考えているなら、その先入観は一刻も早く取り払ってください。そう考えている限り成功はできません。どうもネットビジネスというと、「1日30分の作業で、月収100万円！」とか「寝ている間に大金がザクザク……」などというイメージが独り歩きしている感じがあります。「そんなうまい話があるわけない」と思う人がほとんどだと思いますが、少しでも収入を増やしたい、豊かになりたい、という願望のある人にとっては、大変魅力的な言葉に映るようで、「ネットビジネスさえ始めてしまえば稼げる」と思

2日目はここで終了

い込んでいる人の相談に乗ったことも、何度かありました。でもここで、はっきり言っておきます。射（しゃ）幸（こう）心（しん）をあおるようなコピーに惹かれ、「濡れ手で粟」的な発想でネットビジネスを始めても、間違いなく失敗します。ただ、だからと言って、「1日30分で」という魅力的なコピーが、まったくのでたらめでインチキかというと、必ずしもそうとはいえません。事実、私たちがこれから1か月間旅行に行って何も仕事をしなかったとしても、口座に振り込まれてくる収入源が複数ありますし、友人のアフィリエイターたちも、1日に1、2時間程度の作業しかしないという人が多いうえに、まったく何も仕事をしない日が数日続いても、月収100万円は余裕で稼いでいるようです。月に500万円や1000万円を稼ぐ強者もいます。勘違いしないでほしいのですが、彼らも最初からそうだったわけではありません。安定

3日目はここからスタート

した収入の仕組みを作り上げるまでは、相応の作業量をこなしてきました。その積み重ねのうえに、現在があるのです。たとえば私、佐藤の場合、ネットビジネスの入り口はアフィリエイトでした。最初の1か月間くらいは、それこそ寝る間も惜しんでパソコンに向かっていました。その結果、業界が導入初期だったこともあり、翌月には122万円の収益を上げることができました。頑張らなくても簡単に成功するほど、ビジネスの世界は甘くありません。実際、長い間稼ぎ続けているネットビジネスの成功者たちに聞いても、誰もが最初にひたすら頑張った時期があるといいます。ただその一方で、ネットビジネスには、レバレッジが格段に大きいという特長があります。そのため、この頑張りの先に「1日30分の作業で月収100万円」、さらには「まったく何も仕事をしない日が続いても、数百万円の収入」を手に入れられる環境に到達しやすいのは事実です。「1日30分で」という魅力的な生活を実現するもしないも、すべては、あなたのこれから次第なのです。

【思考その4：ネットビジネスは、ビジネスの1つの型に過ぎない】

『ネットビジネス＝何か特別な形態のビジネス」だと考えている人も少なくありません。一見そう見えるかもしれませんが、これは大きな間違いです。ネットビジネス登場以前のリアルなビジネスと基本は同じです（ここでいう『リアル』とは、ネット以外によるコミュニケーションを言います）。ネットビジネスは、商品・サービスを売る舞台がインターネットというメディアであるだけで、あくまでもビジネスの1つの方法に過ぎません。やるべきことの本質は、すべてのビジネスと一緒です。つまり、お客さまが欲しいと望んでいるものを提供し、対価としてお金を払っていただく商行為（取引）をインターネットを介して行っているだけなのです。どんなお客さまを対象にするのか、どうやって集めてくるのか、商品の仕入れはどうすれば品質がよくて安いのか、ライバルに勝つためにはどうするのか、お客さまを集めたり、注文をとったりと、ビジネスに関する様々な行為を行う場所が、対面や電話などからネット上に移っただけで、やることは同じだと考えてください。そしてもう1つ、忘れてはならない大事なことがあります。それは、相手にしているのは、目の前のパソコンではなく、あくまでもお客さまという「生身の人間」です。ネットでは、一度もお客さまと会話しないで商品を売ることもできるし、足を使って営業に出向かなくても、ホームページ（サイト）、メールなどの手段を使ってお客さまに接触を図ることができるため、ついつい「人」が相手であることを忘れてしまいがちです。ですが、インターネットはあくまで1つのメディアであり、ツールにしか過ぎません。ネットビジネスをする以上は、そのことをしっかり認識しておきましょう。今や、地球上のどんな商売でも、インターネットを使ったビジネス展開が可能ですし、商売繁盛に役立てることができます。あなたの町の八百屋さんや、床屋さんさえも、無関係ではいられません。ユーザー一人ひとりが、より主体的に関わることのできる、画期的な手段であるネットをビジネスに使うことで、大きなチャンスに出合う可能性が広がります。さらに、最初の立ち上げには頑張りと時間が必要ですが、ネットの仕組みを利用することで、リアルなビジネスでは得られないほどの自由と富を得ることができます。実際私たちは、ネットの利点である自動化や効率化の仕組みを最大限利用しながら、リアルなビジネスのやり方に則り、ビジネスを行っています。事業を拡大するために、ネットだけでなく、事務所を借りたり、人を雇ったりして、経営面・運営面も自動化していきました。人を使うことで事業を複製化する（端的に言うと、共通のビジネススキームで違う事業を行う）ことができるので、その結果わずか3、4名の会社で10億円以上の売上げを立てることが可能になりました。さらに仕事を部下に任せられるので、私たちは経営者として、新事業を作ることに専念でき、収入はますます増加していくというわけです。リアルビジネスの精神をもってネットを活用する。それがネットビジネスの正しい取り組み方なのです。【思考その5：成功への道のりは曲線である】元・米メジャーリーガーのイチローは、日本でプロ入りした後、最初の2年間は、1軍と2軍を行ったりきたりしていました。数々の記録で歴史を塗り替え続けてきた彼の姿からは考えにくいですが、ずいぶんと長い下積みをしていたのです。しかし、彼はその2年間、周りに何を言われても自分の道を信じて努力を続けた。だからこそ、3年目に花開くことができたのです。このエピソードでもわかるように、努力の結果が目に見えて現れるには、ある程度の潜伏期間が必要で、努力に比例して直線的に成果が現れるものではありません。ネットビジネスでも、いくら努力してもなかなか成果が出てこない時期があります。とくに第1ステージではよくあることです。この状況があまりにつらく、「こんなに苦労して売れないのだから、このビジネスモデルはそもそも無理なんだ……」と諦めてしまう人は少なくありません。実際、ここで投げ出してしまう人が、全体の8割近くを占めています。気持ちはわからなくもないですが、せっかく始めたのにここでやめてしまうのは、非常に残念な選択としか言いようがありません。なぜなら、あと一歩で成功にたどり着くというところまで来ていることも、実はあるからです。中には、せっかく最初の取引が成立し、第2ステージに入ったにもかかわらず、「たった1個売るのにこんなに労力が必要ならば、10個売るにはこの10倍の労力がいるということか……自分には無理」と勘違いして、売上げが出ていても気力が萎えてしまう人もいます。ここまできたら、あともう少しの頑張りでイチローのように花が開くかもしれないのに、気持ちが折れてしまう……。そんな姿をやはりよく見ます。いくら努力しても成果が出ない時期は、ほとんどの人にあります。現在、成功し続けている人のほとんどがこの時期を経験しています。ただそこでやめなかったから、現在、数千万単位、億単位で稼ぐことができているのです。成功した人たちに共通しているのは、どんなに結果が出なくても、ひたすら目の前のすべきことに対して努力し続けたこと。着実に、ひたすらに努力を積み重ねていたら、ある地点から急に成果が現れ出し、売上げが急上昇していくのです。「努力の結果が、まるで宇宙船がワープ

4日目はここからスタート

（瞬間移動）するように、急速に上向く日が訪れる」私たちの過去を振り返ってみても、たしかに急カーブを描いて業績が伸びた時期が幾度かありました。『「成功曲線」を描こう。夢をかなえる仕事のヒント』（大和書房）の著者でもあり、私たちが、折に触れ経営のご相談に乗っていただいている石原明先生は、この法則を、「成功曲線」と名付けています。このように、勉強しながらノウハウを実践し、積み重ねてもすぐには成功曲線は上昇しません。それどころか、長い間目立った成果が出ずに地べたを這うような横ばいの状態が続きます。たいていの人は、ここの段階で「これだけやっているんだから、せめてこれくらいの成果は出たっていいのに……」「やっぱり向いてない？」など、不安な気持ちを抱き始めます。そして、自分の理想イメージと現実の成果の状態に大きなギャップを感じ、時間が経つほどにストレスとなります。投げ出し

3日目はここで終了

てしまう人の多くは、このストレスにやられてしまうのです。しかし、そのストレスに耐えに耐え、努力をし続けると、やがて、努力の蓄積がある臨界点に達し、まさにそのときにブレークスルーが起き、急に成果が上がり出します。そして急カーブで上昇し、一気に突出した成果を出せるようになります。臨界点は人によって、またビジネスの内容によって違うため、どれくらいという目安は立てられません。ただネットビジネスの場合、努力を積み重ねてさえいれば、1年も2年もということにはならないはずです。私たちが主宰している塾の生徒の中にも、3か月間、地道にリサーチと準備を進めて、4か月目にいきなり月収140万円を達成した人がいます。その人は最初の3か月間、毎晩睡眠時間を削り、土日返上で準備を進め、努力を重ねてきました。「つらい」と言っていた時期もありましたが、そこでの頑張りが大きな報酬となって返ってきたのです。努力しているのにうまくいかないときは、成功曲線がブレークスルーする前の助走期間だと考えましょう。成果が上がらないからと短気になって投げ出したりせず、努力の継続と蓄積が大きな飛躍の時期を迎えることを信じ、自分が今、成功曲線のどの位置にいるのかを冷静に見つめ、努力を続けてください。やめたらそれまでです。目標地点とのギャップに苦しむ必要はありません。来るべき成功の日のために、目の前のすべきことをやり続けましょう。【思考その6：「失敗こそラッキー！」非常識な感覚が成功を導く】塾生と話していて、強く感じることがあります。それは、失敗することを異常に恐れているということです。はっきり言います。ビジネスには、ハズレや失敗がつきものです。失敗したら改善すればいいだけのこと。失敗のないビジネスなんてない、といっても過言ではないでしょう。昔からビジネスの世界では、

「センミツ」と言って、商品企画は1000個出して3つしかものにならないと言われています。実際、偉大な経営者も数多くの失敗をしています。肝心なことは、どれだけやり続けられるかなのです。前項で、努力の成果が出るには、一定期間が必要だとお話ししました。やり方を変える、取り扱う商品を変える、ビジネスのジャンルそのものを変更するなどして、あなたのやり方でビジネスに仕上げていく期間です。こういうと語弊があるかもしれませんが、ビジネスを軌道に乗せるには、失敗することがいちばんです。失敗はケーススタディとしてあなたに蓄積され、次回のビジネスでのよい材料になります。ビジネスでの障壁や失敗を「ラッキー！」と思うくらいの非常識な感覚が必要です。ボーリングに初めて行った時のことを思い出してみてください。最初からストライクを出せた人は、まぐれでもない限り、なかなかいないですよね。ガターを出したり、どうにか1、2本のピンを倒すことができたり、何度もやっていると感覚がつかめてきて、だんだん「こうしたらどうだろう?」「さっきこれでダメだったから、今度はこうしたらどうだろう」と投げ方を意識的に変えているうちに、やがてボールがセンターピンに行くようになり、ストライクが出る……ということが多いのではないでしょうか。有名な話ですが、発明王のエジソンは、電球の発明をしたとき、電流を光に変えるフィラメントの素材候補を5500種類準備し、全部実験するつもりだったといいます。2000種類ほどを試し終えたとき、奥さんに「もうやめたら」と言われたそうですが、「まだあと3500種類もあるから、必ず電球は完成する」と言ったそうです。まったくクレイジーな人です。たった一度失敗したからといって諦めるようでは、何も生まれません。成功確率が2割のビジネスに、10回挑戦できるチャンスを手にしたら、いち早く8回の失敗を経験した人間がより成功をつかめるのです。いち早く失敗を経験するには、とりあえず通しで仕上げてしまうこと。細部の完成度にこだわらず、売るところまでをやってみるのです。つまり、お客さまの反応を見るためのテスト販売のようなものです。ここで反応がある程度わかるため、進むべき方向が見えてきます。そうしたら、また少し改良して売ってみる。こうして、いろいろと試しているうちに、当たりが出るのです。はじめのうちは、いろいろとやってみることがなにより大切です。質より作業量をこなすことを重視しましょう。失敗したときのリスクも非常に小さくてすむ。これが、ネットビジネスの特徴です。リアルのビジネスではこうはいきません。私、佐藤が経験したように、実際に店舗を出すのには何千万円と資金が要りますし、うまくいかなかったからといって、簡単に形態を変更することはできません。最悪の場合、投資資金がすべてパーになることも。でもネットビジネスならば、「失敗したらまたやり直す」それを何度でも続ければよいのです。外れや失敗を恐れず、いけると思ったものはやってみて、その中で当たりを見つけていく。ネットビジネスはそれでよいのです。【思考その7：モチベーションは行動から】ここまで、ネットビジネスを始めるうえでの心構えをお話ししてきました。「よし！やってやろう」と気合が入ってくれていたら、うれしい し安心なのですが、「やろうとは思うのだけど、でも私にできるか自信ない」「成功曲線がブレークするまで頑張るのは無理そう」などと、かえって不安になった人もいるでしょう。毎日のように「作業に取り組むモチベーションがなかなか続かないので困る」という悩みを初心者の人からよく聞きます。「成功したい」「豊かになりたい」と望んで、白分が選んだ教材や塾でビジネスを始めたのに、なかなか作業と実践が進まず途中で挫折する……これはとても残念なことです。新しい変化を起こそうとしても、行動を起こせない、あるいは行動にブレーキがかかってしまうのはよくあることです。心では成功したい、変わりたいと思っているのに、なぜか体が動かない……。これは、人間の防衛本能からきています。人間の脳には、もともと変化を好まない習性があります。構造として、習慣を変えると不快感を抱くようにできているのです。何も変えないほうが気持ちがいいので脳が嫌がり、変わらなければと思っているのに、知らず知らずに変わらなくてよい理由を、自分の都合のいいようにたくさん持ってきます。その働きを受けて「このノウハウは使えないんじゃないか」とか「やってダメだったら時間の無駄」などと、「やらない理由」を脳が探し、自分で予防線を張ってしまうのです。いわば、安全地帯です。これをコンフォート（快適）ゾーンと言います。そこからはみ出さない限り、大きな成功もない代わりに危険もない、安全地帯。居心地のよさに、コンフォート（快適）ゾーンから出てこられない人もいます。頑張るモチベーションもすっかりダウンしてしまいます。ですが、「自分の未来を変えたいと思っているのに、日常生活を何も変えない。だけど成功する」、そんな魔法のような話はありません。未来を切り開くには、モチベーションを維持し、コンフォートゾーンを脱出しましょう。コンフォートゾーンを脱出するコツは次の３つです。１できるだけ身を置く環境を変えるモチベーションの高い人間の側にいると好影響を受けて、怠け心が出る隙がありません。ビジネス塾に通っているなら、その先生や仲間などと、常にメールや電話、スカイプなどで接触していることが望ましいです。まだの人は、教材やビジネス塾のコミュニティに積極的に参加し、同じ志を持つ仲間と交流をはかるとよいでしょう。２できるだけ何も考えず、動作から入るいつも人と一緒に居られるわけではありません。一人でモチベーションを上げたいときは、無理やり気持ちを上げようとするのではなく、作業を始めてしまいましょう。モチベーションを上げてから頑張ろうとするから、難しいのです。実際は逆で、行動することでしかモチベーションは続きません。こんな経験はありませんか？「二日酔いでもネクタイを締めたらビジネスモードになる」、あるいは「へこんでいてもマスカラをつけたら、女性として戦闘開始状態になる」。もしかしたら、心のスイッチを入れる行動が決まっている人もいるかもしれませんね。それと同じように、「これをやると、ネットビジネスに対するモチベーションが上がり、うまくいく」という動作を決めてしまうのも１つですが、かえって迷ってしまうこともあるので、

5日目はここからスタート

まずは動いてみることから始めましょう。深く考えずにとにかくパソコン（以下ＰＣ）の前に座りキーボードをたたく。これからやろうとする作業に関連するワードを検索する、情報源となるブログやメルマガを読むのもよいでしょう。そうやっているうちに、だんだんエンジンがかかってくるはずです。

4日目はここで終了

３作業する時間割（スケジュール）を毎日決め、そのとおり実現する
２つの方法に少し似ていますが、スケジュールを事前に立ててしまい、どんな状況であっても、時間どおり作業を始めてしまう方法です。できればスケジュールは、習慣化しやすいようにいつもだいたい同じ時間がよいでしょう。たとえば、「１日の終わりの夜２２時から２５時までは、ネットビジネスの時間にする」と決め、深く考えずにとにかくＰＣの前に座るのです。エンジンがかからず、ＰＣの前でホーッとすることがあってもかまいません。毎日この時間帯はネットビジ

ネスの作業をする、という習慣が大切なのです。そのうち、毎日その時間にＰＣに向かわないと気持ちが悪いという状態になるでしょう。そうなったらしめたものです。人間は、モチベーションが上がるから行動できるのではなく、行動するからモチベーションが上がるものです。ネットビジネスで成功するうえで大切なのは、すべきことをするという当たり前の行動と、自分はできると素直に信じる気持ちです。この２つが、あなたの未来を変えるのです。『第２章』一人だけでは成功できない～ビジネス成功に欠かせない「人」のこと～【１：ビジネスは人間関係がすべて】ネットビジネスでは、人との付き合いがしっかりできる、コミュニケーション上手な人が成功をつかみます。これを聞くと、意外に思われる人や抵抗を感じる人もいるでしょう。「人付き合いが苦手だから、できるだけ人と会わないで、ＰＣ操作だけで完結するネットビジネスがよい」と考えて始めたという人も少なくないようですから。ですが、それは大きな見当違いです。あなたが商売をする相手は、当然、「人間」です。あなたにお金を払ってくれるのは、感情や個性をもった生身の人間なのです。どんなビジネスも、人とのコミュニケーションを通して成り立っています。それが対面なのか、電話を使ってなのか、ネット上で行うのかという違いだけです。ネットビジネスの場合、サイト、ブログ、メールなどの電子媒体が主なやりとりの場になり、お客さまと直接会うことはほぼないでしょう。だからこそ、対面よりさらにもっと細心の注意を払ってお客さまに接していくべきです。サイトやメールは、あなたが考える以上に、販売者であるあなたの人間性が丸見えになります。「サイトの文言が感じ悪いから買うのをやめた」「メールの文章がすっごい機械的だったからキャンセルしちゃった」なんて声は、実は珍しくありません。PCもネットも、あなたの隠（かく）れ蓑（みの）にはならないのです。「人に興味を持ち、人を知り、人に好かれる」これが、ビジネスの鉄則です。お客さまを知ることはビジネスの本質で、この先もずっと変わることはないでしょう。この鉄則を理解したうえで、インターネットという効率的なツールを活用するため、爆発的に稼ぐことができるのです。新しいツールや最新システムをいくら取り入れても、「お客さまの心をつかむコミュニケーション」ができていなければ、お客さまがつかず、まったく稼げないなんてことになりかねません。ネットビジネスにおいて、人とのコミュニケーションの取り方は成功の大切な要素なのです。ネットビジネスで、人と関わる場面は大きく分けて2種類あります。1）外側＝お客さまとの関わり（あなたが商品・サービスを提供する相手）2）内側＝ビジネスを作る関係者との関わり（あなたの商品・サービスを用意するための関連業者・仕入れ相手）どちらもビジネスを成り立たせるためには欠かせない人々です。次からは、これから起業する（ネットビジネスを始める）という前提で時系列に沿った順でお話ししていきます。【2：ビジネスの質を高めるコミュニケーション法】先ほどお話ししたビジネスの準備段階での「2）内側＝ビジネスを作る関係者との関わり」について、お話ししていきます。ネットビジネスを、一人でも簡単にできるビジネスだと考える人も多いようですし、そのような本も出ています。でも実際、たった一人でやりながら成功し続けているという人は、私たちの周りにはいません。必ず、どこかの段階で人と関わりを持っています。あとで詳しくお話ししますが、私たちは、ネットビジネスに限らず、新しいビジネスを立ち上げる時は、基礎をしっかり押さえるべきだと考えています。よいビジネス塾や情報教材で学ぶことが最初にすべきことだと。そのため、塾や教材の先生や講師、その仲間や先輩たちとの関わりが、まずあります。続いて、ビジネスを実際に作っていくのに必要な各業者さんがいます。サイトを作成してくれるＷＥＢデザイナー、ライター、ＡＳＰ（アフィリエイトサービスプロバイダ）の担当者、メールマガジン配信サービス業者、映像撮影業者等々、主なところではこんな感じでしょうか。取り組むビジネスによって違いはありますが、売り出す前にも、このように多くの人とのコミュニケーションがあります。こういう裏方の人間関係をしっかり築いていくことで、あなたのビジネスの質は大きく変わります。たとえば、アフィリエイトをしようと考えているのであれば、案件の選択やサイトの出来、情報起業であれば、商品である教材そのものに影響してきます。また、ここで得た人脈や経験、交渉スキルなどが、あなたのビジネスを長期的に安定して継続させるための、最初の財産になります。仕事上で作り上げる人間関係の質は、ビジネス成功のキーポイントになるからです。私たちは、塾やセミナーなどで「最初のうちは、できるだけ多くの人と会うようにしてください」と話しています。ネットビジネスなのに人と会うことを勧めるなんて、違和感があるかもしれません。しかし、業者さんに外注するにも、相手の技能レベルや相性というものがあります。たとえばサイト作製の場合、自分が望むようなサイトをＷＥＢデザイナーにしっかり作ってもらうには、何人かの候補に実際に会い、要望に応えてくれる人を見つけたほうが、成功にぐっと近づきます。もちろん、ネットで探すこともできます。ネット上には、こうした作業を自宅で請け負ってくれる、いわゆるＳＯＨＯをしている人を探すサービスもあり、メールのやりとりだけで仕事を依頼することも可能です。ただそれでは、あなたの要望をメールだけで伝えるのはなかなか難しいものです。とはいえ、サイトはあなたのビジネスの顔。変な妥協があってはいけません。だからこそ、最初は対面で打合せをすることをオススメするのです。外注先が遠方で会うのが難しい場合でも、電話やスカイプなどを使ってコミュニケーションをとるようにしましょう。自分の想いや意図を相手に最大限に伝え、心を通じ合わせるには、直接会うことなのです。だからメールやチャットよりは電話するほうがいいですし、電話よりは直接会うほうがいいのです。これは、「内側」もそうですし、「外側」のお客さまも同じです。実際、私たちは、常にこの優先順位を基に、ビジネスを構築しています。ネットビジネスであるにもかかわらず、インターネットのみに頼らないマーケティング手法を組み合わせることで、大きな成功を収めてきました。逆説的な言い方ですが、万一インターネットがこの世からなくなったとしても、まったく問題なく稼いでいける自信があります。また、そういう経営者が、最後にはいちばん強いと考えています。だからこそ、しつこいくらいに「人」とのコミュニケーションについて話すのです。ちなみに、私たちの考える人間関係の極意は次の4つです。1．先に相手に与える2．人に好かれる3．相手に上手に助けてもらえる4．恩返しを忘れないこれだけです。ごくシンプルで当たり前のように聞こえるかもしれませんが、これらがしっかりできているかどうかでまったく違います。私たちはこの4つを、ネットビジネスに限らず、どんな世界でも通用する「人間関係の黄金律」だと考えています。今すぐすべてを実践するのは難しいかもしれませんが、できることから始めてみるといいでしょう。【3：教材や塾を最大限に活用する方法】先ほどお話ししたように、私たちはネットビジネスに取り組む場合、誰か教え手の存在が必要だと考えています。ネットビジネスの稼ぎ方は、外側からは仕組みが見えにくいため、誰にも教わらないで一から作り上げるのはちょっと無理があります。ネットショップなどを仕事でやっていた人でなければ、信頼できる塾や教材から学んでスタートしたほうが無難でしょう。しかし、ネットビジネスの入門書等は数が少なく、得られる情報も限られています。本が少ない理由には、ネットビジネスのノウハウ類は非常に移り変わりが激しく賞味期限が短いために、一般書籍に向いていないということがあります。最初はやはりインターネットを情報源として、ネットビジネスのセミナーを受講するとか、情報教材を買うとか、ビジネス塾に入るなどから始めるといいでしょう。基本的には資格取得や習いごとのスクールに行くのと変わりありませんが、ここ最近はネットを介した通信講座のような形式のところがほとんどです。私たち二人も、最初は教材やセミナーを活用し、基礎を学びました。そこで得た情報や知識を使ってビジネスを考え、作り上げ、成功をつかんできました。その当時は、まさか自分が教える側になるとは思いませんでしたが、このときの経験は現在も役立っています。教わる側と教える側、両方の立場を経験したことであらためてわかったことがあります。

それは、教材や塾は知識を習得する場だけでなく、人間関係を作る場でもあるということです。成功の秘訣は、わからないことを遠慮せず、どんどん先生に聞くこと。そして、うまくヘルプをもらえるようにすることです。始めるときは誰もが初心者ですから、できるだけ人の助けを得ることを考えてください。自力で成功しようとせず、助けられ上手な人になること。これが、成功する人の特徴です。実際、ある程度はできているのに、どうしてもうまくいかない人、失敗する人

5日目はここで終了

は、例外なく「自分でなんとかしよう」としてしまう人です。責任感が強いのか、プライドが高いのか、あるいは遠慮しているのか、他人に助けを求めることができず、つまずいたところで止まってしまいます。自分の感性を優先させてしまうことも、失敗してしまうお決まりのパターンです。教えられたとおりの方法ではなく、自分なりの解釈で勝手にやり方を変えてしまうのです。でも、よく考えてみてください。オリンピックの金メダルをとるような選手が、自分勝手な練習法でうまくなったと思いますか？やはり一流のコーチについて、基礎からみっちりと練習を積み上げ、さらに強化合宿など、より強い仲間と切磋琢磨しながら力をつけていますよね。それが上達の近道だと、みんな知っているからです。ビジネスも同じです。オリジナリティを出したいのはよくわかりますが、ある分野で上達したり、成功したりするためにいちばん近道なのは、なんといってもその分野ですでにうまくいっている人のやり方をマネすることです。それ以上に早い成功法はありません。さらに、他の人より一歩リードしていく人は、うまく先生などに助けを求めています。

6日目はここからスタート

先生はその道の大先輩であり、一流のコーチですから、豊富な経験から的確なアドバイスがもらえます。あとは、それを取り入れて実践していけばいいのです。

普段、あなたの周囲でも先生や社長、上司といった目上の人にかわいがられ、上手に助けをもらっている人はいませんか？一見すると、えこひいきのようにも感じる現象ですが、あなたは成長し、成功するために塾に通っているのですから、チャンスはしっかり活かしましょう。恥ずかしがらず、カッコつけず、素直に先生に頼ることです。かわいがられる生徒になってください。教える側も人間ですから、見どころがある生徒はかわいがりたくなります。そして、「こいつは有望そうだから、もっといろいろ教えてやろう」という気持ちを抱きます。先生との信頼関係ができれば、塾や教材を学ぶ期間を終えても、困ったときに力になってくれたり、新しい情報やネタを教えてくれたりと、今度は同業の後輩としてかわいがってもらえます。こういう存在は非常に心強いものです。そんなの厚かましい！と考える人もいるかもしれません。しかし、塾生のあなたが成功すれば、先生にとっての成果、実績になり、塾の評判を高めることに協力できます。そう、お互いにとっていい関係になるので、遠慮する必要はありません。あえて言いますが、お金を払った側だからと受け身でサービスを待っているだけでは、意味がないとは言いませんが、すごくもったいないです。実際、私たちもセミナーの休憩時間や懇親会等で、教材テキストには載っていない旬の情報やネタをポロッと話すこともあります。そういう情報のほうが、全員に公開されない分、とても価値があるのです。せっかく参加しているのですから、最大限活用してしまいましょう。【4：プライドを捨てるプライドを持とう】ビジネスをするうえで「質問力」は重要な資質です。的確な質問ができない人は、問題が見えていないということです。つまり、思考と行動の量が足りていません。質問ができない人の理由を探ると、次のようなものがあります。①全体像を理解していないから、どこがわからないのかわからない②実践していないから、具体的な質問が出ない③講師や先生が忙しいのでは？という遠慮がある④こんなことを聞いたら恥ずかしいと思ってしまう①や②は自分がやるべきことをやっていないので論外ですが、③や④も不要な心配です。ビジネス塾や教材は、質問回答サービスという付加価値がついているからこそ、一般書籍よりも高い価格で提供されているのです。堂々とサービスを利用しましょう。自分の年齢や職歴に対するプライドから、なかなか質問ができないという人もいるようですが、聞きたいことがあるのに聞かないプライドとは、いったいなんでしょうか。先生や周囲から自分がどう見えるかということを気にしているのであれば、もったいないので今すぐにやめましょう。もっと、ビジネスで前進して成果・結果を出す、ということにフォーカスしてください。人に聞いてうまくいくなら、聞いたほうが早いからです。たとえばインターネットの世界は恐ろしく進化のスピードが速いので、次から次へと新しいツールやインフラが登場します。私たちは決してネット情報に疎（うと）いわけではないですが、それらすべてに精通することは無理だとわかっているので、新しいものを導入する際にはすぐに詳しい人に聞くようにしています。相手が経営者でも社員でも、取引先業者でも区別はありません。わからなくて困ることは、どんなことでも聞き出します。取り組んでいるビジネスで結果をきちんと出す。それが私たちのプライドです。

そのためには、できることはなんでもします。アメリカで鉄鋼王と言われたアンドリュー・カーネギーは、元々、鉄鋼に関する知識はほぼ皆無の素人だったといいます。彼は商品の専門知識は、必要なときに詳しい人に聞くことのできる体制を自分の周りに作っていました。そうやって経営に専念していた彼だから、あれだけの大成功を収め、富を築いたのです。ビジネスを成功させ、結果を出したいなら、質問を惜しまないでください。詳しい人の知識をどんどん利用する貪欲さを持ちましょう。質問をするときは、一点だけ気をつけることがあります。それは、「自分で調べる努力をしてから聞く」です。教材や塾のテキストに、質問の答えが載っている場合もあります。また、基本的な事柄であれば、ネットで検索すればたいていのことは調べられます。たとえば「ＳＥＯ」という言葉の意味がわからなければ、「ＳＥＯとは」という言葉をグーグルやヤフーの検索枠に入力すれば、企業サイトから個人のブログまで様々なサイト情報がヒットします。それらの解説を少し読むだけでも全体像がわかってくるはずです。自分なりの認識や見解を持ったうえで、さらにわからない点を質問するように心がける。そうすることで、塾や教材の先生も質問に答えやすくなりますし、あなたに対しても教えがいがある、見込みがあると評価するようになります。相手が親身に答えてあげたいと思うような質問が、あなたを助けるのです。

【５：一番になるということ】教材や塾で教わるときは、できるだけ積極的に参加し、仲間の間でも抜きん出た存在になることを目指しましょう。これもまた、先生にかわいがられるコツです。できれば同期の塾生や教材購入者の中で、一番の成果を出すつもりで取り組んでいきましょう。一番になるものは、いい意味でなんでもいいです。目的は目立つこと。だから、量でも質でも勝てなければ、スピードで勝つ！でもいいのです。頭の中身は見えませんが、行動は目に見えるので、生徒がたくさんいたとしても、先生の印象に残ります。すると、何かあったとき、たとえば新しいノウハウを開発したからリサーチのためにモニターを募集したい等というときには、声がかかりやすくなります。自分より能力のある人や行動力のある人が多いときは、スピードで勝つようにしましょう。常に「ハイ」と一番に手を挙げるだけでいいので、とても簡単です。ほかにも、たとえば塾の先生が「この本はいいよ。ビジネスの参考になるよ」と言ったら、その場で買ってしまいましょう。スマートフォンやノート型ＰＣ等があれば、そのままインターネットに接続して注文できるはずです。そして、「先生、もう買ったよ」など

と報告に行けば、「お。こいつはレスポンスが速いな」と目に留まります。行動が速いということは、それだけで好印象です。反対に行動が遅いと、その他大勢の中に埋もれてしまいます。それでは、先生と関係を構築するのは難しくなってしまいます。結果を出す人は、自分がこの場で何ができるか、何をしたら喜ばれるのかを常に考えています。何もしなかったら、その時点で置いていかれてしまうだけです。一番になりましょう。【6：相手の重要感を満たすと皆が味方になる】突然ですが、こんな経験はないでしょうか。自分がしたことで、上司や同僚が「すごいな」と驚き、その姿を見て、うれしくてやる気がますます出たというような経験。私、小島が会社員だった頃の話です。ある会議の日、それまで発言等はほとんどしたことがなかったのですが、思い切って小さな販促の提案をしたことがありました。そのとき読んでいた本から仕入れたヒントを、こっそり使わせてもらっただけなのですが、「おまえ、なんでそんなこと思いつくんだ？」と上司はびっくり。そして、好奇と感嘆の眼差しを私に向けたのです。正直、とても気持ちのよい瞬間でした。すごく小さなことですよね。ですが、たったこれだけの出来事で、仕事へのやる気が俄然増していったのです。いつもは嫌々仕事をしていたのですが、取り組み方が変わり、気づいたことは進言するようにしたところ、会議で必ず意見を求められるようになり、重要な販促の仕事を与えられ、次第に責任を持たされる立場になっていきました。これは、小島の「自己重要感」が満たされたことによる変化です。どんな人にも、「認められたい」という願望があります。認められると、自己重要感が満たされ、気持ちよくなるからです。とくに、目上の人間に認めてもらうと、より自己重要感は満たされます。言い換えると、あなたが接する相手にも同じことが起こるということです。たとえば「内側」の関係者や業者の人たちの実力を評価し認めてあげると、最高の仕事をしてもらえます。サイト製作を依頼するWEBデザイナーやライター、撮影業者、発送業者、ASP（アフィリエイトサービスプロバイダ）の担当者等々。これらの人たちはあなたのビジネスを支える、言わばあなたの大切なパートナーです。こちらがお金を払うからといって尊大な態度で接するなどはもってのほかです。自分がされてうれしいと思うことを相手にもしてあげましょう。すると相手の自己重要感が満たされ、ベストを尽くしてあなたの仕事をしてくれます。人には、いつも敬意と評価を欠かさないこと。相手が先生でも、取引先や外注業者でも、お客さまでも同じです。人に「差」はありません。誰にでも同じ態度で接する＝あなたの信頼と評価に繋がります。もちろん媚（こ）びへつらうのではなく、

ビジネスをする者として基本的なマナーを守り、相手に誠実に、敬意をもって振る舞うことです。丁寧で紳士的な応対は、相手を安心させ、気持ちよく仕事をしようという気持ちにさせます。そこから、信頼関係ができ、よりよいものが生まれるのです。【7：顔が見えないからこそメールは感謝と敬意から】会うといい人なのに、メールだと無愛想な印象の人がいます。実際に知っている人だと、多少感じの悪いメール文面であったとしてもとくに何ということにはなりませんが、あまりよく知らない人だとやっぱり身構えてしまいます。皆さんの周りにも、そういう人はいるのではないでしょうか。メールでは無機質な活字だけが送信されるので、要件だけ伝えるとすごく冷たい印象を与えることがあります。そこで、できるだけ自分の感情が伝わるように書くのが秘訣です。ネットビジネスでは、メールの使用頻度がどうしても高くなるからこそ、

書く内容の順番から細かい言い回しまでかなり気をつけています。つい先日のことです。人材を募集したところ、なんと有名企業の役員を務めている60代の方から応募がありました。とてもありがたいことで恐縮してしまったのですが、残念なことに求めていた人材とは違っていたため、お断りの返信をすることに。口頭で伝える時もそうですが、いきなりお断りを伝えるのは、いくら本題とは言え、相手もいい気持ちはしません。ただでさえ無機質なメールはなおさら、すごく冷たい印象を与えてしまいます。散々悩んで書き上げたメールは次のような文面になりました。「このたびは私たちのような若輩者の経営する会社にご応募いただきまして、ありがとうございました。普通なら○○様のような要職・地位にある方が、私たちのような新進の企業に応募されることはないと思います。そのチャレンジ精神とたゆまぬ意欲に感嘆いたしております……」感謝と敬意から書き出し、相手の自己重要感を尊重してから、用件に入ったのです。お断りのメールであることは変わらないのですが、話す順番をこのようにしたことで、相手の方が受ける印象は全然違います。このメールを送った後、この方からはさらに丁寧な返信がきて「一緒に仕事は無理でも、いろいろ協力関係を築きたい」と言ってくださり、その後、仕事や企業の紹介をいただくような関係になりました。繰り返しになりますが、ネットビジネスは顔と顔を合わせる機会はあまり多くありません。言葉が、私たちを表現する最大の存在です。顔が見えないからこそ、相手への言葉には、細心の注意と敬意を払いましょう。

【8：相手には求めず、自分のベストを尽くす】唐突ですが、ビジネス活動は恋愛に似ています。「恋」は、相手に何かを望んでいる状態。常に相手に「欲しい、欲しい」と望んでいるので、相手から与えられなくな

ると、心が離れていきます。「愛」は、相手に何も望んでおらず、逆に自分が相手に与えている状態。相手に愛を与え続けながらも、相手からの見返りを望みません。だから、お互いに愛を与え合う二人は、永遠に幸せで良好な関係を続けられます。実は、ビジネスの売り手と買い手の関係も、これと同じです。もちろんビジネスは、商品・サービスの提供はお金をいただかないと成り立ちませんから、一方的に与え続けることはありません。ただ、予想を超えて多くのものを自分に与えてくれるなと感じたとき、お客さまはあなたのファンになります。ファンが増えると、ビジネスは好循環に展開していきます。私たち二人がジョイントで事業を始めたとき、「これはきっとうまくいくな」という感触がありました。お互いが競いあってギブする（＝与える）関係になっていたからです。何か取り決めを交わしたわけではないのですが、対等にやろうという自然な了解が最初からありました。実際、お互いに相手には何も求めていません。ただ、この事実を楽しみ、精一杯できることを提供していくことにしたのです。企画した塾の教材として、セミナーＤＶＤを作ったときも、１０時間くらいで収まるだろうと話していたのに、いざ始めると、１０時間をあっさり超えてしまいました。「佐藤さんがこれだけ提供するんだから、俺はもっと提供しよう」「小島さんがこれだけ話すなら、俺はもっともっと濃い話をしよう」「お客さまは、きっとこういう情報も欲しいんじゃないか」と言い合っているうちにどんどん長くなり、なんと最終的に４０時間弱という、かなりのボリュームになってしまいました。お客さまをあっと言わせるようなコンテンツをつくりたい。ただその一心で、お互いが意地を張り合った結果、非常に中身の充実した教材を完成させることができたのです。売り手がこういう波長で仕事を進めていると、販売ページやプロモーションを通じてお客さまにも伝わります。当然売上げにも直結しますし、DVDを見た塾生にも熱いマインドが伝染し、徐々に結果が出るようになります。あなた＝「いつも徹底的に与える人」という印象が皆の脳裏に深く刻まれたら完璧です。そのうち周りから絶対に引き上げられます。「求めず、与え合う」こんなふうに書くと、なんだかスピリチュアルのお話みたいですが、これはビジネスの世界にも通用する黄金律です。これさえわかっていれば、仕事も家族関係も恋愛も、すべてうまくいく強力な法則です。先にギブする人は、その数倍以上のものを受け取ることになっています。これは、今までの私たちの経験から、自信をもって言えることです。

6日目・7日目はここで終了

「変換力トレーニング」解答

※問題によっては、解答が複数存在し得るものもありますが、ここでは１つだけを取り上げています。
※各々の日で、登場する順に記載しています。

１日目

【縦書き】
ゴリラ
日本晴れ
青い鳥
得意科目
自信を持つ
みかん
幸福感
夢を語る
晩ごはん
明るい星

最高の気分
ろうそく
プラス思考
青い空
感動する
白い子犬
潜在意識
尊敬する
かぼちゃ
成功者

【横書き】
シマウマ
青い山脈
どんぐり
ねこに小判
新しい時代
スニーカー
早寝早起き
夏まつり
たけのこ
発明家
白いシャツ

輝く星
バラの花束
お守り
幸せな毎日
ゴール
挑戦する
憧れの人
おもちゃ
そろばん教室

2日目

【縦書き】
奈良の大仏
ミラクル
桜の花びら
なすび
本番に強い
おにぎり
砂時計

クラス委員
上昇志向
自己ベスト
前向き
手を上げる
アヒル
ガラスの靴
大草原
楽しい遠足
はさみ
完走する
運命的な
文化祭
メロンパン
鳥の群れ
種をまく
巨大な建物
田舎の風景
石ころ

レストラン
ブラジル
深呼吸
全国制覇
ひらめき
社交的
たんぽぽ
気分転換
アスリート
赤い屋根
握りこぶし
熱いお茶
新聞記者
めざましい
人気者

【横書き】
住み慣れた
嬉し泣き

上着を脱ぐ
セーラー服
機嫌がよい
こいのぼり
虹が出る
もやし
恩返し
呼びかける
桃の節句
盛り上がる
多趣味
チアガール
知育玩具
うどん
立ち上がる
計算ドリル
聞き上手
留守番電話
さんま

青年の主張
おおらか
品物を包む
合格への道
つむじ風
運命の扉
千差万別
たこやき
一石二鳥
ペンキ
たんぱく質
立候補
覚え書き
経済成長
長所を生かす
天然資源
ようかん
思い出
調和する

3日目

【円型】

ほけんしつ
風景画
国語のテスト
思いやりの心
公共施設
試行錯誤する
グローバルな
夏の日差し
気持ちで勝つ
事業を立ち上げる
感情移入する
夢を見る
マンションのドア
目玉焼き
夕焼け色の空
鮮やかなオレンジ
休日のデート

ビルの窓
みずみずしい
想像を膨らませる
活性化させる

【ランダム（バラバラ）】

ハイキング
カラオケ
風が強い
環境問題
カレーライス
チャレンジ
洞察力が鋭い
ドラマチック
頭の回転が速い
星が降る夜
ハッピーエンド
全身全霊を注ぐ
信念を貫く

プレゼン資料
内なる闘志
朝日を浴びる
グレープフルーツ
神社にお参りする
試験に合格する
積極的に取り組む

4日目

【円型】

満足させる
明らかにする
やわらかいボール
長方形
平常心で臨む
心から信じている
繰り返し練習する
整理された机
笑顔になる

山積みの本
コンサートを開く
美術館に行く
馬の耳に念仏
立つ鳥跡を濁さず
あらためる
しゃがみこむ
ダンス
今日は快晴だ
ノーサイド
親しみやすい
アインシュタイン
生地からパイを作る
かわいい寝顔
自分に問いかける
誕生日を祝う
真実を知る
ボランティア
趣味に没頭する

懐かしい眺め
町内会の仕事をする
モーツァルト
任期を全うする
口角を上げる
ゲーム感覚
客観的に見る
懐かしい景色
新年の誓いを立てる
知的な女性
親睦を深める
ゴールへ近づく
計画を立てる

【ランダム】
瞬読する
ボクシング
森の中を散歩する
クレオパトラ

猫に餌をあげる
神秘的な建造物
ポジティブ思考
明日もいい日
明るい笑顔
質問する
知的好奇心
バドミントン
疑問を解消する
自分の経験を活かす
優しく語りかける
日課にする
今日はクリスマス
気持ちを新たにする
お互いに高め合う
ファッションセンス
鳩は平和の象徴だ
掃除を習慣にする
ライセンス

ホームランを打つ
歴史上の人物
赤い屋根
チャリティーコンサート
カフェでお茶を飲む
美しい歌声
才能に恵まれる
一休みする
ベートーベン
平和を誓う
本棚を整理する
かわいい子犬
子育てに奮闘する
彼女は目が印象的だ
レースに勝つ
人生最良の日
想像力をかきたてる

おわりに

今まで「時間は買えない」という意味では、誰もが〝平等だ〟とされてきました。

しかし、瞬読をマスターすれば、情報処理のスピードがアップするわけですから、人生の「手持ちの時間」を容易に増やすことができます。つまり「瞬読を行うこと」は、「時間を買うこと」と同じなのです。

また「本を速く読む」という能力は、実は〝手段〟にすぎません。瞬読をきっかけに右脳の潜在脳力を引き出し、直感力や想像力、記憶力、問題処理能力などを高め、人生のあらゆる局面で、大きな力を発揮していただければと願っています。

最後になりましたが、瞬読の講座を受けてくださった受講生の皆さま、瞬読を応援してくださった皆さま、スクールのスタッフをはじめここには挙げきれない多くの方々、そして瞬読に興味を持ち本書を手に取ってくださった読者の皆さま、ありがとうございました。

皆さまの人生が、より充実したものとなりますように。

2020年1月吉日

山中恵美子

著者紹介

山中 恵美子（やまなか・えみこ）

一般社団法人瞬読協会 代表理事
（全国で30校以上の学習塾を経営する）株式会社ワイイーエス 代表取締役社長

1971年、大阪府生まれ。

甲南大学法学部卒業。大学在学中に日本珠算（そろばん）連盟講師資格取得。

学生時代より、母親の経営するそろばん塾にて、指導を開始。

卒業後、関西テレビ放送株式会社に勤務。

2003年、自身のそろばん塾を開校。現5教室、のべ2,000人以上を指導。

2009年、学習塾を開校。現在、グループ30校舎。約2万人の生徒が卒業。

学習塾にて、学習効果を上げる方法の一環として、速読を取り入れる。これが後の「瞬読」となり、生徒が次々と難関校に合格。

瞬読は保護者にも知られ、やがてはビジネスパーソンにも広まり、瞬読のみの講座が開講し、好評を博す。

「わずか1時間半のトレーニングで何倍も速く読めるようになった」「いろんな速読を試すも失敗が続き、瞬読でやっとうまくいった」「老眼の進んだ70歳でも成功」「分速38字で読めるようになった」など、喜びの声が殺到している。

瞬読のセミナーは全国各地で行われ、大学、新聞社、大手企業などでも研修、セミナーを多数開催。さらには中国にも進出。

瞬読の1冊目となる『1冊3分で読めて、99%忘れない読書術 瞬読』は、13刷、8万部突破のベストセラーとなった。

◆一般社団法人瞬読協会　http://syundoku.jp/
◆（著者経営の学習塾）SSゼミナール　http://www.ss-zemi.co.jp/
◆APマスターズ　http://ap.ss-community.co.jp/

本書をお読みになったご意見・ご感想を下記のURL、QRコードよりお寄せください。

https://isbn2.sbcr.jp/04714/

1日5分見るだけで、1週間で勝手に速く読める！

瞬読ドリル

2020年 2 月 6 日　初版第1刷発行
2022年 7 月 4 日　初版第7刷発行

著　者　山中 恵美子
発行者　小川 淳
発行所　SBクリエイティブ株式会社
〒106-0032　東京都港区六本木2-4-5
電話：03-5549-1201（営業部）

装丁デザイン　菊池 祐
本文デザイン・DTP　荒木香樹
イラスト　すがのやすのり
動画撮影・編集　矢島陽兵
DVD製作　ビーブレイン
編集協力　山守麻衣
制作協力　瞬読協会
校　正　宮川 咲
編集担当　杉浦博道
印刷・製本　株式会社シナノパブリッシングプレス

落丁本、乱丁本は小社営業部にてお取り替えいたします。
定価はカバーに記載されております。
本書の内容に関するご質問等は、小社学芸書籍編集部まで必ず書面にてお願いいたします。

ISBN978-4-8156-0471-4